シリーズ▶ 財産評価の現場

総則6項の適用ポイント

税理士 風岡範哉 [著]

ぎょうせい

はしがき

　相続税や贈与税における財産の価額は，相続税法において「時価」によると定められている。

　ただし，実務上，土地や取引相場のない株式の「時価」を客観的かつ適正に把握することは必ずしも容易なことではない。また，納税者ごとに財産の評価の方法が異なることも公平の観点から好ましくない。

　そこで，国税庁は，財産評価基本通達により，あらかじめ財産の価額を算定するための評価基準を定めている。土地であれば路線価方式や倍率方式，取引相場のない株式であれば類似業種比準方式や純資産価額方式，配当還元方式である。

　財産評価基本通達は，上級行政機関から下級行政機関に対して発する行政組織内部の命令であり，納税者はこれに拘束されることはない。しかし，税務申告を受け付ける側の課税庁職員に対しては拘束力をもつ。結果として，通達とは異なる評価方法であれば是認されないのであるから，納税者や税理士も通達に基づいて申告を行っているというのが現状である。

　ところが，その通達の定めによって評価することが「著しく不適当」と認められる場合には，他の評価方法によることができるという（評価通達6項。財産評価基本通達の「総則」に定められていることから，本書では「総則6項」という。）。

　つまり，納税者にとっては，通達に基づいた当初申告の評価額が否認となり，後日予期せぬ多額の納税が必要となる可能性があるということである。また，通達によるべきでない減価要因があったにもかかわらず，それを適用しなかったことにより過大な税負担をしていた可能性があるということである。

　裁判例・裁決例においても，財産の評価は通達に定める方式によ

るのが原則であるが，通達によらないことが相当と認められるような「特別の事情」がある場合には，他の合理的な評価方式によって評価するものと述べられている。

そこで，納税者及び税理士は，どのような場合が「特別の事情」に該当するのかを知っておかなければならない。

本書では，どのような場合に総則6項の適用がなされるのかという点を裁判例・裁決例をもとに検討した（このことから，総則6項の適用ポイントを知っておくという意味を込めたタイトルとした。）。

まず第1章では，最初に6項が適用されてからこれまでの歴史的な経緯を確認しておく。

第2章及び第3章は，課税庁から総則6項が適用された事例である。納税者が通達に基づく評価額と実勢時価との乖離を利用することによって相続税や贈与税の負担が著しく軽減されるケースに対して総則6項が適用される。第2章では土地，第3章では株式の評価についてふれる。

第4章は，納税者有利となる総則6項の適用である。そこでは，通達に定める画一的な評価方式によると相続税法に定める「時価」を上回る結果となる場合には，評価を適正に行う必要があることから総則6項が適用されている。

なお，通達による評価額が時価を上回ることを証明するために，他の評価方式として不動産鑑定評価が用いられる。第5章では，不動産鑑定について，どのような場合に採用され，どのような場合に採用されないのかの採否の判断ポイントを確認する。

相続税及び贈与税は，土地の倍率方式や家屋の評価において固定資産税評価額を準用している。その固定資産税評価額も評価基準を採用しているため，第6章では倍率方式，第7章では家屋の評価における固定資産税評価基準によらない評価が争われた事例についてふれる。

第8章は課税時期の前後で売買実例があった場合に，その売買実

例価額は時価となり得るか，第9章は取引相場のない株式において株式鑑定は時価となり得るか，という論点である。つまり，通達による評価額よりも低額又は高額な売買実例価額や株式鑑定評価の存在は「特別の事情」と言えるのか，またその適正な価額はどのように判断されるのか，という問題を検討してみたい。

　本書は"財産評価の現場シリーズ"としての第3巻となる。前述のとおり，実務では財産評価基本通達に定められた方式によって評価が行われているため，第1巻では，税務独自の概念であり土地評価の基本となる土地の評価単位について，第2巻では通達に定める各種の減価補正について解説した。第3巻では，それら財産評価基本通達によらない評価が行われる場合の事例研究を行うこととする。

　なお，本書においても非公開裁決を含めた裁判例や裁決例を掲載しているが，今日その情報が収集できるのもTAINS（税理士情報ネットワークシステム）税法データーベース編集室の方々のご尽力によるものであり，この場を借りて御礼申し上げたい。

　最後に，本書の刊行の機会を与えてくださった株式会社ぎょうせいの皆さまに御礼を申し上げたい。

令和6年4月

税理士　風岡　範哉

第9章　株式鑑定は時価となり得るか ···················· 179

おわりに

凡　例

相法	……………………	相続税法
民	……………………	民法
評価通達	……………	財産評価基本通達
評価基準	……………	固定資産評価基準

＊本文中における，裁判例の「原告」，裁決例の「審査請求人」は
　納税者のことをいい，裁判例の「被告」，裁決例の「原処分庁」
　は課税庁（税務署）のことをいう。

＊本書は令和6年3月31日現在の情報をもとに作成している。

第1章
総則6項適用のこれまで

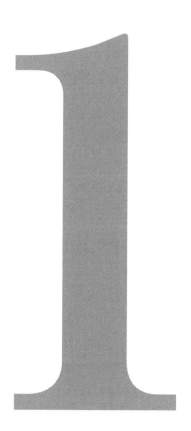

1 相続税における時価

　相続税や贈与税における財産の価額は，その取得の時の「時価」によって評価する（相法22）。

　その「時価」とは，「不特定多数の当事者間の自由な取引において通常成立すると認められる取引の価額」，すなわち「客観的な交換価値」である。

　ただし，実務上，財産の時価を客観的かつ適正に把握することは必ずしも容易なことではなく，また，納税者ごとに財産評価の方法が異なることは公平の観点から好ましくない。

　そこで，国税庁の財産評価基本通達（以下「評価通達」という。）において，あらかじめ財産の価額を算定するための評価基準が定められている[*1]。

　評価通達は，上級行政機関から下級行政機関に対して発する行政組織内部の命令であり，納税者はこれに拘束されることはない。しかし，税務申告を受け付ける側の課税庁職員に対しては拘束力をもつ。結果として，通達とは異なる評価方法であれば是認されないのであるから，納税者や税理士も通達に基づいて申告を行っているというのが現状である。

2 総則6項の趣旨

　なお，その通達の定めによって評価することが著しく不適当と認められる場合には，国税庁長官の指示に基づき，他の評価方法によることができる（評価通達・総則6項）。

　土地や株式といった財産は個別性が強い。したがって，通達によ

＊1　土地であれば路線価方式や倍率方式，取引相場のない株式であれば類似業種比準方式や純資産価額方式，配当還元方式である。

る画一的な評価基準では時価を適正に算定できないケースも想定される。納税者においては，そのような場合において通達に基づく評価額が「時価」を上回ると判断した場合には，総則6項の適用がされなくとも相続税法22条を根拠として課税処分の適法性を争うことができる。

　しかし，そのような場合であっても課税庁職員は通達に拘束されるため，課税庁において，個々の具体的事案に該当する処理を図り，通達の形式的解釈に固執することなく，また，全体の趣旨から逸脱した運用を行うことのないよう総則6項の規定がある，と考えることができる[*2]。

　それでは，これまでにどのような場合が「著しく不適当」にあたるとされてきたのか，第1章は時系列に沿って全体的な経緯を確認し，各論点の詳細については第2章以降で確認していきたい。

3　第Ⅰ期：バブル期

(1)　時価と路線価の乖離

　相続税や贈与税における土地の評価は，路線価や固定資産税評価額に基づいて算定されている。これらの評価水準は，かつては実勢時価の半分からそれ以下の水準で推移してきた。終戦後の高度成長期（昭和30～40年代）やバブル経済の地価高騰期（昭和50～60年代）には，実勢時価と路線価の差は大きく乖離していた。

　例えば，相続や贈与のとき，路線価により30で評価される土地が，

---

*2　財産評価基本通達逐条解説においては，評価通達に定める評価方法を画一的に適用した場合には，適正な時価評価が求められず，その評価額が不適切なものとなり，著しく課税の公平を欠く場合も生じることが考えられ，総則6項は，そのような場合には個々の財産の態様に応じた適正な時価評価が行えるよう定めていると述べられている（松田貴司編『財産評価基本通達逐条解説（令和5年版）』大蔵財務協会〔2023年〕28～31頁）。

その近い時点に100で売買が行われることは日常茶飯事であった。

　そこで，課税庁は，100で売買が行われた土地は，相続時においても100で評価すべきではないかと考えるようになる。最初に通達によらない評価が論点となった事例が，売買契約途中の土地の評価である。

(2)　売買契約途中の土地の評価

　東京地裁昭和53年9月27日判決〔税務訴訟資料102号551頁〕は，被相続人が生前に土地の売買契約を締結し，引渡しを行う前に相続が発生した場合の土地の評価が争われた事例である[*3]。

　本件で争点となっている土地は，路線価方式により評価すると2,018万5,438円であるのに対し，相続開始前4か月前に締結された売買価額は4,539万7,000円であった。

　本件売買契約の経緯は以下のとおりである。

　(イ)　昭和47年7月7日，被相続人は所有する土地を4,539万7,000円で売却する旨の売買契約を締結した。

　(ロ)　同日，被相続人に手付金600万円が支払われた。

　(ハ)　昭和47年9月30日に内金1,000万円が支払われた。

　(ニ)　昭和47年11月25日，被相続人が死亡した。

　(ホ)　昭和47年12月15日に残金2,939万7,000円が相続人に支払われ，買主へ土地の引渡しがなされる。

　(ヘ)　相続開始時における通達による評価額は，2,018万5,438円である。

　相続税申告にあたって，原告（納税者）は，相続開始時において土地の所有権はいまだ買主に移転しておらず，相続により土地を取得したものであるとし，財産を土地（2,018万5,438円），手付金及

---

*3　第一審東京地裁昭和53年9月27日判決〔税務訴訟資料102号551頁〕，控訴審東京高裁昭和56年1月28日判決〔税務訴訟資料116号51頁〕，最高裁昭和61年12月5日判決〔税務訴訟資料154号781頁〕

び内金を預り金（1,600万円）として債務控除した。

　これに対し被告（税務署長）は，本件売買契約の特約条項からすると，買主は中間金を支払うことにより土地を使用収益するためその引渡しを受けることが合意されていたものであり，相続開始時において未収金2,939万7,000円（手付金及び内金とあわせて4,539万7,000円）が相続財産に属すると主張した。

　地裁判決においては，土地の所有権は，相続開始の時点までにはいまだ何人（なんびと）にも移転しておらず，被相続人の遺産として相続人に承継されたものとして更正処分は取り消され，相続財産は「土地」，評価は「通達による評価額」であると認定された。

　ところが，高裁判決においては，相続開始当時に本件土地の所有権が買主側に移転していたとはいえないが，土地の評価額が取引価額によって具体的に明らかになっており，しかも，被相続人もしくは相続人が相続に近接した時期に取引代金を全額取得しているような場合において，その取引価額が客観的にも相当であると認められ，それが通達による相続税評価額との間に著しい格差を生じているときには，取引価額をもってすることが正当として是認し得る「特別の事情」があるとし，相続財産は「土地」，評価は「取引価額」と認定された。ここで初めて通達によらない評価が採用される。

　なお，最高裁は，たとえ本件土地の所有権が売主に残っているとしても，もはやその実質は売買代金債権を確保するための機能を有するにすぎないものであり，相続人の相続した本件土地の所有権は，独立して相続税の課税財産を構成しないというべきであって，本件において相続税の課税財産となるのは，債権であると解するのが相当であるとして，相続財産を「売買残代金債権」，評価を「取引価額」としている。

(3)　相続開始直前の土地取得と総則6項

　昭和60年代に入ると地価の上昇はさらに進み，実勢時価と路線価

の乖離はますます大きくなる。

　そのような中で，納税者が，その乖離を利用することによって，相続税の負担を著しく軽減する行為が問題とされた。

　例えば，相続開始直前に，①路線価で評価すると1億円であるのに対し実勢価格が10億円で取引されているような土地を10億円の借入金によって購入する，②相続時に通達により1億円として評価し，債務10億円を控除する，③その後相続人が当該土地を実勢時価で売却して借入金を返済する。このように借入金によって土地を取得することで，相続時には債務超過9億円の分だけ課税価格を圧縮することができる。

　そこで，東京地裁平成4年3月11日判決〔税務訴訟資料188号639頁〕においては，このような場合に画一的に評価通達に基づいてその不動産の価額を評価すべきものとすると，他方で客観的に明らかになっているその不動産の市場における現実の交換価格によってその価額を評価した場合に比べて相続税の課税価格に著しい差を生じ，実質的な租税負担の公平という観点からして看過し難い事態を招来することとなるというべきであり，そのような場合には，通達によらないことが相当と認められる特別の事情に該当するものとして，市場における現実の交換価格によって評価することが許されると判示されている（それにより前述の例における財産は10億円，債務も10億円となる。）。

(4)　上場株式と総則6項

　バブル期は土地だけではなく，上場株式も高騰を続ける*4。そこで，通達による評価と実勢価額の乖離を利用した納税者の節税スキームは，株式を利用したものへと拡大していく。上場株式の負担付贈与である。

＊4　平成元（1989）年30,165円でスタートした日経平均株価は，年末には38,957円になり過去最高値を記録した。

上場株式を贈与した時の価額は，課税時期の最終価格又は課税時期の属する月以前 3 か月間の毎日の最終価格の各月ごとの平均額（最終価格の月平均額）のうち最も低い価額によって評価する（評価通達169）。

　つまり，課税時期の最終価格100円，以前 3 か月間の最終価格の月平均の最も低い価額が60円とすると，通達に基づく評価額は60円となる（図表− 1 ）。

●図表− 1　上場株式の評価額

前々月の月平均	前月の月平均	課税時期の属する月平均	課税時期の最終価格
60円	75円	90円	100円

　その際，親（贈与者）が借入金によって100円で購入した上場株式を子（受贈者）に60円の負担付きで贈与すると，当時は，積極財産60円から消極財産100円（債務）を差し引いて贈与税は零となり，さらに差額の利益を得ることができた。

　そこで，東京地裁平成 7 年 7 月20日判決〔税務訴訟資料213号202頁〕においては，このような取引について，通達を形式的，画一的に適用して財産の時価を評価すべきものとすれば多額の財産の移転につき贈与税の負担を免れるという結果を招来させることとなり，このような計画的な取引を行うことなく財産の移転を行った納税者との間での租税負担の公平はもちろん，目的とする財産の移転が必ずしも多額ではないために，このような方法をとった場合にも，証券取引に要する手数料等から，結果として贈与税負担の回避という効果を享受する余地のない納税者との間での租税負担の公平を著しく害し，また，相続税法の立法趣旨に反する著しく不相当な結果をもたらすこととなるとされている。

　そして，ここでは，通達に定める評価上の斟酌（最終価格又は以前 3 か月間の毎日の最終価格の各月ごとの平均額のうち最も低い価

額）を形式的に適用することなく，上場株式の客観的な市場価格であることが明らかな課税時期の最終価格によることが合理的であるとされている[*5]。

(5) 取引相場のない株式と総則6項

　上場株式の高騰は，上場株式を多く保有する上場企業の創業者一族の相続税対策を急務とさせる。そこで，今度は取引相場のない株式である。

　上場企業のオーナーが，上場株式を持株会社に保有させる節税策が考案される。つまり，同人が，①持株会社を設立し，②上場株式を持株会社に現物出資して持株会社の取引相場のない株式を取得する。そして，③相続が発生した際，平成2年度改正までは類似業種比準方式を適用することができた。類似業種比準方式では，持株会社の利益，配当が零，純資産額が著しく低い簿価によって評価されると，証券市場における時価評価に対して1％以下にも圧縮できる場合があった[*6][*7]。

　当該スキームにおいて総則6項の適否が争われた争訟事例は見当たらないが，国税庁は，平成2年に株式保有特定会社の規定（評価通達189，189-3）を創設し，評価会社の総資産に対する株式等の割合が一定以上の場合には，純資産価額方式の適用とする旨の改正を行っている。

　また，同様の事例としていわゆる「A社　B社方式」がある。

＊5　その後，平成2年に負担付贈与又は個人間の対価を伴う取引により取得した上場株式の価額は，課税時期の最終価格のみによって評価することと改正されている（評価通達169(2)）。

＊6　朝日新聞平成2年8月4日朝刊

＊7　通達に定める取引相場のない株式の評価方式には，純資産価額方式，類似業種比準方式，配当還元方式の3つがある。それぞれの1株当たりの価額は，一般的には純資産価額が1万円，類似業種比準価額が5,000円，配当還元価額が500円といったイメージである。
　つまり，純資産価額方式よりも類似業種比準方式の適用により株価は低くなり，また配当還元方式の適用により株価はさらに低くなる。

取引相場のない株式における純資産価額方式は，資産から負債及び評価差額に対する法人税額等に相当する金額を控除した金額を，発行済株式数で除して計算する（評価通達185）。

　そこで，例えば，被相続人が，①借入金（10億円）によりA社を設立し，②そのA社の出資を著しく低い価額（1億円）で現物出資してB社を設立する。そして，③相続が発生した際に，相続財産はB社の出資となる。B社の出資持分を通達に従って評価すると，帳簿上の価額1億円と時価（相続税評価額）10億円との差に評価差額9億円が生じる。

　この評価差額については，当時，法人税額等相当額を控除することができ，法人税額等相当額が51％のとき，（10億円－1億円）×51％＝4.59億円となり，被相続人の資産は，10億円－4.59億円＝5.41億円まで圧縮することができた（旧評価通達186－2）。

　そして，④相続後にA社がB社を吸収合併して減資をし，相続人は減資還付金を得て，相続債務を返済する。

　このようなスキームに対し，大津地裁平成9年6月23日判決〔税務訴訟資料223号1046頁〕は，実質的に，被相続人の出資が，ほぼそのまま相続人に移ったものと評価できるにもかかわらず，評価通達により法人税額等を控除して計算すると，被相続人の資産は，A社の出資からB社の出資に形を変えた時点で直ちにほぼ半額となり，その分課税額が著しく圧縮されることになるのであり，このような場合にまで，法人税等相当額を控除して計算することは，富の再分配機能を通じて経済的平等を実現するという相続税法の立法趣旨にも反することが明らかであるとして，B社出資については，法人税相当額等を控除せずに評価することが妥当であると判示している[8]。

---

[8]　その後，平成6年に現物出資により著しく低い価額で受け入れた取引相場のない株式がある場合には，法人税額等相当額を控除しないこととされている（評価通達186－2）。

4 第Ⅱ期：バブル崩壊

(1) 逆転現象の発生

その後，地価の上昇は一転し，平成２年頃をピークに急落する。いわゆるバブル崩壊である。

ところが，地価の変動と路線価の設定作業にはタイムラグが生じることから，路線価は平成４年頃まで上昇を続け，約２年間のタイムラグが生じた[*9]。

また，同時期の平成４年，国税庁と自治省（現総務省）は，土地の相続税評価及び固定資産税評価に関し，地価公示価格を基準として評定するとの考え方に立って，路線価の評価割合を地価公示価格水準の80％程度，固定資産税の評価割合を同70％程度に引き上げることとした。いわゆる公的評価の一元化である[*10]。

つまり，バブル崩壊により地価は平成２年頃をピークに下落に転じたが，路線価は変わらず上昇を続け，さらに，それまで実勢時価に対して低水準であった路線価を公示価格の８割に引き上げたため，平成４〜５年以降は路線価が実勢時価を上回るという逆転現象が生じることになる。

(2) 逆転現象と総則６項

前述のとおり，路線価は１年間の地価変動を考慮して公示価格水準の80％程度に定められることとなったが，理論上，１年間の地価下落率が20％を超える場合には，実勢時価を上回る逆転現象が生じることになる（図表−２）。

[*9] 当時の路線価は，前年の７月１日を基準として設定していた。平成４年からは，評価時点を当年の１月１日としている。

[*10] 政府税制調査会「平成４年度の税制改正に関する答申」（平成３年12月）

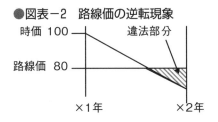

●図表－2　路線価の逆転現象

そのように路線価方式により算定された評価額が客観的時価を上回る場合には，相続税法が予定する時価と見ることはできないものというべきであり，評価通達の一律適用という公平の原則よりも，個別的評価の合理性を尊重すべきものと解されている。

そして，路線価に代わる別の評価方式として，路線価の時点修正や不動産鑑定士による評価が認められるようになった。

東京地裁平成9年9月30日判決〔税務訴訟資料228号829頁〕においては，通常は，路線価方式による評価額が客観的時価を超えることはないと予想されているが，1月1日時点の時価に比べて，評価時点までの下落率が，約2割の減価率を超えた場合には，路線価方式により算定される評価額が客観的時価を上回ることとなり，評価通達の定めによって評価することが著しく不適当と認められる場合に該当するとして，路線価の時点修正が採用されている。

5　第Ⅲ期：地価安定期

(1)　逆転現象と不動産鑑定評価

平成10年頃になると，年間下落率が20％を超えるような地価の急落も落ち着きを見せる。そのため，路線価の時点修正による申告は終息に向かう。

また，それまで多く採用されてきた不動産鑑定士による鑑定評価額についても，次第に，同一の土地の同一時点における鑑定評価額

であっても，鑑定評価を行う者が異なれば，異なる鑑定評価額となる可能性が存すると考えられるようになる。

そのため，納税者が，通達による評価額を下回る不動産鑑定があることにより逆転現象が生じていると主張しても，課税庁も不動産鑑定を依頼し，通達による評価額よりも高い不動産鑑定があることから通達による評価は適正であると主張することとなる。いずれも専門家たる不動産鑑定士が鑑定評価基準に則って表明したものであることから，納税者が提出した不動産鑑定により路線価及び課税庁側不動産鑑定の不合理さを立証することが困難なものとなる。

(2) 不動産鑑定評価の有用性

その後，不動産鑑定は，通達に定められている無道路地補正や不整形地補正といった各種の画地補正の適否を検証するための指標として用いられるようになる。

代表的な例が，接道義務を充足していない土地の評価である。

建築基準法においては，敷地に建物を新築又は建て替えをするためには，接面する道路に間口が2m以上接していなければならない（建築基準法43①）。いわゆる接道義務である。

つまり，間口が2mあるかないかで土地の価額は大きく異なるが，平成11年改正前の評価通達においては，間口4m未満は一律の減価とされているのみであった[11]。

そこで，東京地裁平成12年2月16日判決〔税務訴訟資料246号679頁〕は，接道義務を満たしていない土地の評価の合理性が争われた事例である。

通達に基づいて算定した価額（4億9,867万8,622円）に対し，原告（納税者）は，評価対象地の時価を不動産鑑定評価書（2億6,460万円）に基づいて評価すべきであると主張した。

---

[11] 平成11年改正により，接道義務を満たしていない宅地については，無道路地に準じて評価することとされた（評価通達20－3）。

地裁判決においては，原告が依頼した不動産鑑定評価書は本件土地の時価を適正に評価したものとは認め難く，通達に基づいた評価額が時価を超えていると認めることは困難であると判断された。

一方，控訴審東京高裁平成13年12月6日判決〔税務訴訟資料251号順号9031〕においては，裁判所が依頼した不動産鑑定評価による評価額（3億7,170万円）が時価として採用されている。

そのほか，路線価方式に代えて不動産鑑定が採用された事例として，借地権付き分譲マンションの底地や，傾斜度が30度を超えるがけ地，広大地，市街化調整区域内の山林，鉄道高架の隣接する土地の評価などがあり，現在においても不動産鑑定の有用性が注目されている。

6 第Ⅳ期：ミニバブルとタワマンブーム

前述のとおり，バブル崩壊後の地価下落は平成10年頃には下げ止まり，横ばいを続ける。そのような中で，平成18年頃に都市の再開発への投資やタワーマンションの需要過熱で地価が少し上昇に転じる。いわゆるミニバブル現象である。

タワーマンションは，平成9年の建築基準法の改正により日照権や容積率などの規制が緩和され，首都圏を中心に多く建設されるようになる。

そのタワーマンションの敷地の評価は，その敷地全体を区分所有者の敷地権で割るため，1戸当たりの土地の評価額が小さくなる。売買価格が1億円であるマンションに対して，路線価方式による評価額が半分以下，ケースによっては10分の1近くになるものもある。そこで，かつての相続直前に購入した土地と総則6項の問題が再燃する。

平成23年7月1日裁決〔TAINS・F0−3−326〕では，平成19

年に開始した相続におけるマンションの評価が争われた事例である。

被相続人によって平成19年8月4日に2億9,300万円で購入されたマンションは，路線価で評価すると5,801万8,224円であった。平成19年に被相続人の相続が開始し，その4か月後の平成20年2月2日に相続人によって当該マンション売却の一般媒介契約が締結されている。

裁決では，このような場合に，評価通達に基づいて本件マンションを評価することは，相続開始日前後の短期間に一時的に財産の所有形態がマンションであるにすぎない財産について実際の価値とは大きく乖離して過少に財産を評価することとなり，納税者間の実質的な租税負担の平等を害することとなるから，通達によらないことが正当として是認されるような特別の事情に該当するというべきであると判断し，相続開始時における本件マンションの時価は，取得価額とほぼ同等と考えられるから，2億9,300万円と評価するのが相当であるとされている。

7 第Ⅴ期：株式の評価と総則6項

(1) 近年の総則6項適用事例

次に，納税者の租税回避があるわけではなく，単に課税時期に近い時点で高額な取引事例や鑑定評価があった場合に，課税庁側からそれを採用することができるかという論点がある。

これまで見てきたとおり，課税庁から総則6項が適用されるケースとしては，納税者の行き過ぎた租税回避を防止することが目的となっている。

ところが，近年，取引相場のない株式の評価をめぐり，通達に基づいた評価方式に代えて，課税庁により株式の鑑定評価[*12]や相続

---

*12 株式評価では，依頼人からの依頼に基づいて企業価値を評価するものを「算

開始前後の売買実例価額を採用する総則6項適用事案が増加している。

　株式の評価をめぐる相続や贈与への総則6項適用事案として，平成26年には旧トステム社の創業者の相続に関して，同人が所有していた非上場株式について，遺族が通達に基づいて申告したのに対し，国税局により「通達どおりに評価すると極端に低額となり，著しく不適当」として，株式鑑定が採用され，遺族に相続税110億円の申告漏れが指摘されたと報道されている[*13]。

　また，平成28年にはキーエンス社の創業者から贈与を受けた非上場株式について，受贈者が通達に沿って評価したものに対し，国税局により，申告した株式の評価額が著しく低いと判断され，贈与税1,500億円の申告漏れが指摘されたと報道されている[*14]。

(2)　争 訟 事 例

　令和元年においては，中央出版社の創業者の相続に関して，同人が所有していた非上場株式について，遺族が評価通達に基づいて1株当たり18円で申告したのに対し，課税庁は第三者機関に鑑定を依頼し，最終的に1株45円程度と認定し，遺族に約100億円の申告漏れを指摘したとの報道がされている[*15]。本件は審査請求がなされおり，令和4年3月25日裁決〔TAINS·F0－3－863〕においては，被相続人が生前に当該株式を借入金73億によって約72億円（1株当たり76円）で取得し，相続時点で当該株式を通達により評価し，借入金を債務控除することによって債務超過額が生まれることとなり，納税者間の実質的な課税の公平を著しく害することになるため，他の合理的な評価方法により適正な時価を評価すべき特別の事情があ

　定」といい，裁判所の鑑定命令に基づいて企業価値を評価するものを「鑑定」というが，本書ではいずれも広義の「鑑定」に含めて論じている。
＊13　朝日新聞平成26年12月8日
＊14　朝日新聞平成28年9月17日
＊15　朝日新聞令和元年6月25日夕刊

るものとされている。

　また，東京地裁令和6年1月18日判決〔TAINS・Z888-2556〕は，相続人が，相続により取得した株式を財産評価基本通達に従って評価して申告をしたところ，原処分庁が，通達により評価することが著しく不適当と認められるとして，第三者機関の株式価値算定額により相続税の更正処分を行った事案である。本件株式を通達により評価を行うと1億7,518万0,400円（1株当たり8,186円）となるが，被相続人は，相続開始日の約2週間前に訴外法人との間で，被相続人が保有する株式及び被相続人以外の株主が保有する株式を取りまとめて，63億0,408万円（1株当たり10万5,068円）で譲渡する合意を交わしており，相続開始の約1か月後に相続人がその合意に基づいて訴外法人へ合意価格で譲渡している。通達による評価額と譲渡価額に10倍以上の差があったため，課税庁は第三者機関に株価算定を依頼し，裁決においてその算定報告額17億2,000万円（1株当たり8万0,373円）が採用されたというものである。

　なお，地裁判決では，本件は通達評価額によって評価すべきであり，評価通達6項を適用して算定報告額により評価した課税処分は平等原則という観点から違法であるとされているが，現在控訴中である。

　いずれも，課税時期の前後に相続株式の売買があり，その売買価額と通達による評価額との間に著しい乖離があったことから，課税庁が株式鑑定を依頼したものである。

8　本章のまとめ

　通達によらない評価の問題は，納税者によってどのような租税回避が行われたのかということも重要であるが，最も重要なのは，どのような場合に課税庁により通達によらない評価が行われるのかという点である。

裁判例・裁決例においては，納税者の租税回避行為に対し，通達を形式的，画一的に適用して財産を評価することにより，相続税の課税価格に著しい差が生じ，納税者間の実質的な租税負担の公平という観点からして看過し難い事態を招来することとなる場合には，他の評価方法によることが相当と認められる特別の事情に該当するとされている。

　また，逆転現象の問題に対しても，路線価方式により算定される評価額が客観的時価を上回る場合には，路線価方式により算定される評価額をもって法が予定する時価と見ることはできないものというべきであり，総則6項に定める通達の定めによって評価することが著しく不適当と認められる場合に該当するとされている。

　しかし，近年においては，取引相場のない株式の評価をめぐって株式の鑑定評価が採用されるなど，総則6項の適用範囲が拡大傾向にあることが懸念される。納税者にとっては，どのような場合に「著しく不適当」に当たるのか明らかでなく，また，いつ通達と異なる評価方法により課税処分を受けるかわからないといった事態を生じさせている。

　したがって，今一度，財産評価基本通達の趣旨が土地や取引相場のない株式の客観的な取引価格を認定することが困難であるところから，あらかじめその価格方法を定め，画一的な評価をしようというものであることに立ち返り，また，課税庁の定めた評価基準により算定された価額が不合理となるのであれば，評価基準を改正することにより対応すべきものでもあることを踏まえ，どのような場合が通達によることが「著しく不適当」に当たるのかを検討していく必要がある。

第2章
タワマン節税と総則6項

1 タワマン節税とは

(1) タワマン節税とは

　本章では，課税庁から総則6項が適用される，いわゆるタワマン節税について確認しておきたい。

　タワマン節税とは，区分所有のタワーマンションや商業ビルなど，評価通達による評価額と実勢価額に乖離が生じることを利用して，相続税や贈与税の負担の軽減を図るスキームのことをいう[*1]。

　例えば，①通達による評価が1億円であるが，実勢価額10億円で取引されている不動産を10億円の借入金によって購入する，②相続時に通達に基づき1億円として評価し，債務10億円を控除する，③その後相続人が実勢時価で売却して借入金を返済する。このような方法によることで，相続や贈与時には債務超過9億円の分だけ課税価格を圧縮することができる。

　なぜ全員が全員これをやらないのかと言えば総則6項の規定が存在するからである（総則6項の懸念とは別に，相続後に希望する価額で売却できるのかというリスクもある。）。

　総則6項の規定によれば，そのように通達による評価額と実勢価額との差額を利用して相続税の負担の軽減を図る行為により，納税者間の実質的な租税負担の公平という観点からして看過し難い事態を招くことになる場合には通達によらず別の評価方法によることが相当とされている。ここでは，取得価額により財産を10億円と評価

[*1]　論点となる不動産は，タワーマンションだけでなく，区分所有の商業施設やホテルにおいて同様の問題がある。商業施設やホテルなどの不動産を小口化して複数人で所有権（物権）を持ち合うことにより，路線価方式による評価額がかなり低いものとなり実勢時価との乖離が生じる。

　また，土地に限らず，株式においても，通達による評価額と実勢時価に乖離が生じているような場合には同様の問題が生じる。

することで債務超過額が発生しないこととなる。

(2) 総則6項適用の可否

　ただし，一般にタワーマンション等の購入は節税目的だけでなく，資産運用を目的としても行われている（いわゆるマンション投資）。会社員や個人事業主もタワーマンションを購入して賃貸することにより，安定的な家賃収入を得て老後の資金としたり，短期間に転売して売却益を得たりする。

　したがって，たまたま相続が発生した結果，実勢価額と通達による評価額の乖離が著しいことから総則6項の適用範囲になってしまうということも十分にあり得る。

　そこで，どのような場合に総則6項が適用され，どのような場合に適用されないのかといった線引きが必要となる。総則6項は，相続財産や贈与財産の評価において，通達に定める評価方法を用いて形式的平等を貫くことが，かえって租税負担の実質的な公平を害することになるという観点から判断すべきものとされている。

　具体的には，実務上，個々の事案に応じ，以下のようなポイントを総合的に勘案して判断がなされている。

　　(イ)　評価額の差（さらには税額の差）がどのくらいあるのか

　　(ロ)　不動産の購入から相続開始までの期間はどのくらい短いのか

　　(ハ)　収益物件であるなど購入することに経済合理性はあるのか

　　(ニ)　相続税の負担の軽減を図ることを目的として行われるものであるか

(3) 判断のポイント

　まず，(イ)評価額の差（さらには税額の差）がどのくらいあるのかという点である。前述の例にもあるとおり，タワマン節税においては，ほとんどのケースで，実勢価額と比べて通達（路線価方式）による評価額は半分以下となる。その結果，算出される相続税額も大

きく軽減される。ただし，どの程度の乖離があると著しく不適当に該当するのかという問題である。

　また，㈹不動産の購入から相続開始までの期間はどのくらい短いのかという点である。

　購入者である被相続人が高齢で，体調を崩したり入退院を繰り返したりするなどして相続の開始が近いことが予測されるなか駆け込みで不動産を購入するようなケースにおいては，相続税の負担軽減を目的としたものであるとみられることに違いない。ただし，仮に購入時から相続開始までの期間が2か月で租税回避と認定されるとして，では，半年なら良いのか，1年ではどうかという問題がある。

　次に，㈥購入した不動産が収益物件であるなど，その不動産の購入に経済合理性はあるのかという点である。高齢であっても資産運用を目的として不動産を購入することに合理性は認められる。ただし，資産運用目的で不動産を購入するのであれば，長期的にみて収支が黒字であるなど経済合理性が必要である。例えば，マンション購入のための借入金利息よりも賃貸料の方が少ないとか，空室の状態が何年も続いているなどの場合はマンション購入の経済合理性が認められないということになる。

　最後に，㈡相続税の負担の軽減を図ることを目的として行われるものであるかという点である。例えば，被相続人や相続人が生前に相続対策に関心を持ち，金融機関や不動産業者，コンサルタントのすすめにより節税策が計画されているようなケースにおいては，明らかに相続税の負担の軽減を図ることを目的として行われたものであるということになる。

　なお，総則6項の適用は，このような事実をもとに総合的に勘案して判断されることになるため，例えば，被相続人や相続人に相続税対策の意図がなければ総則6項の適用がないというものではなく，また，不動産の購入目的が収益性の確保や不動産賃貸業の維持にあったとしても総則6項が適用されることもある。

(4) 問題の所在

　この問題の本質は，通達による評価額と実勢価額に乖離が生じることにある。

　路線価方式における宅地の評価額は，路線価×画地補正率×地積で算出される。図表－１の例によれば，評価対象地の地積が1,000㎡であり，路線価が１㎡当たり30万円だとすると評価額は３億円となる。

　タワーマンションの評価も同じく，路線価×画地補正率×地積で算出するが，最後に区分所有権であるため敷地権を乗じる（令和６年１月１日からは一定の区分所有マンションについては，さらに区分所有補正率を乗じることとなった。）。仮に敷地権が100分の１とすると，評価額は図表－１のとおり300万円となる。

　同じ1,000㎡の宅地であっても，所有者が１人であれば評価額は３億円となるが，敷地権が100分の１とすれば300万円となる。この300万円の敷地利用権（土地）に区分所有権（家屋）を加えたものが，

●図表－１　路線価方式による評価

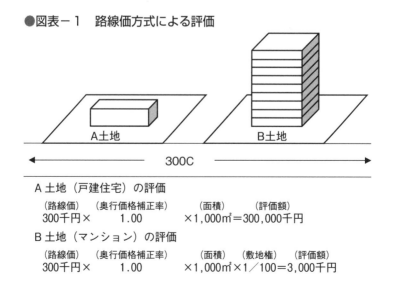

　A 土地（戸建住宅）の評価

（路線価）　　（奥行価格補正率）　　　（面積）　　　（評価額）
300千円×　　　1.00　　　　　×1,000㎡＝300,000千円

　B 土地（マンション）の評価

（路線価）　　（奥行価格補正率）　　（面積）　（敷地権）　（評価額）
300千円×　　　1.00　　　×1,000㎡×1／100＝3,000千円

実際には5,000万円や7,000万円で売買が行われているということである。

2 通達によらない評価の適用事例

さて，納税者のタワマン節税について，通達に定められた評価方式を画一的に適用することによって，かえって実質的な租税負担の公平を著しく害するような場合においては，通達によることが「著しく不適当」（裁判例においては，通達によらないことが相当と認められる「特別の事情」）に該当し，通達によらないことが相当とされている。

そこで，具体的にどのようなケースが特別の事情に当たるのであろうか。以下の事例は全て総則6項の適用が行われた事例であり，事実認定の参考としてみたい。

(1) 東京地裁平成4年3月11日判決

東京地裁平成4年3月11日判決（税務訴訟資料188号639頁。以下「①判決」という。）における不動産購入の経緯は以下のとおりである[2]。

(イ) 昭和62年10月9日，被相続人は，東京都のマンション11戸（以下「本件マンション」という。）を7億5,850万円で購入した。

(ロ) 原告（相続人）は，入院中の被相続人の代理人として，売主（不動産分譲業者A社）との間で，本件マンションを購入する旨の売買契約，購入した本件マンションを賃料月額166万4,000円でA社に賃貸する旨の賃貸借契約，貸金業者B社との間で，

---

*2　第一審東京地裁平成4年3月11日判決〔税務訴訟資料188号639頁〕，控訴審東京高裁平成5年1月26日判決〔税務訴訟資料194号75頁〕，最高裁平成5年10月28日判決〔税務訴訟資料199号670頁〕

本件マンションの購入資金等として8億円を借り入れる旨の金銭消費貸借契約を，それぞれ締結した。

㈢　本件マンション購入のための借入れは，元金返済を3年間据え置いたうえでこれを17年間で分割返済し，利率は年7.2％（月額利息約480万円）とするものである。

㈡　本件マンションの賃貸借契約は，借主が他に転賃貸することをあらかじめ承諾し，賃貸期間を2年，A社の賃料支払義務を昭和62年12月まで免除するというものである。

㈠　被相続人は，かねてから不動産等の資産運用に関心を持っており，昭和60年頃には銀行からの長期の借入金で自己所有の貸家をマンションに建て替える等したこともあり，相続税対策についても，借入金により不動産を購入すること等によって相続税の負担を軽減させるという節税方法について関心を示していた。

㈥　被相続人は，死亡前，昭和62年9月9日から入院するに至っていた。

㈦　同年12月19日，被相続人は95歳で死亡した。

㈠　原告は，昭和63年1月30日及び2月3日に，A社との間で本件マンションの売却に関する一般媒介契約を締結し，同年4月上旬から7月下旬にかけて，同社の媒介によって総額7億7,400万円で他に売却し，借入金の大部分はこの売却金によって返済された。

㈡　原告は，相続税の申告について，通達の定めに基づき本件マンションの価額を1億3,170万7,319円として課税価格に算入し，借入金8億円を相続債務として課税価格から控除して当初申告を行った。

このような一連の経緯に対し，判決が示す「特別の事情」は以下のとおりである。

本件マンションの価額を通達に基づいて1億3,170万7,319円と評

価し，その購入資金である借入金8億円をそのまま相続債務として計上すると，右借入金は本件マンションの価額から控除しきれないことから，その差額が他の積極財産の価額から控除されることとなり，その結果として，本件マンションの価額を取得価額で評価した場合と比べると6億2,679万2,681円だけ課税価格が圧縮されることとなる。

そのように現実の交換価格によってその価額を評価した場合に比べて相続税の課税価格に著しい差を生じ，実質的な租税負担の公平という観点からして看過し難い事態を招来することとなる場合には，通達によらないことが相当と認められる特別の事情がある場合に該当し，相続不動産を市場における現実の交換価格（7億5,850万円）によって評価することが許されるとするのが相当と判示されている。

(2) 東京地裁平成4年7月29日判決

東京地裁平成4年7月29日判決（税務訴訟資料192号180頁。以下「②判決」という。）においての経緯は以下のとおりである*3。

(イ) 被相続人は，入院中の昭和62年2月24日，原告（相続人）を代理人として，18億2,000万円を銀行から借り入れ，7物件の各土地（以下「本件土地」という。）を代金16億6,100万円で買い入れた。

(ロ) 被相続人は，昭和56年頃から病臥し，同57年10月に脳動脈硬化性痴呆症で入院した後退院することなく昭和62年7月16日に86歳で死亡した。

(ハ) 昭和63年6月14日，原告は，本件土地全部を18億円で他に売却し，その売却代金を借入金の返済に充当した。

(ニ) 本件土地の通達による評価額は1億2,102万2,498円である。

---

*3　第一審東京地裁平成4年7月29日判決〔税務訴訟資料192号180頁〕，控訴審東京高裁平成5年3月15日判決〔税務訴訟資料194号743頁〕

このような一連の経緯に対し，判決が示す「特別の事情」は以下のとおりである。

　本件土地の価額を通達に基づき1億2,102万2,498円と評価してこれを相続財産に計上し，その購入資金である借入金18億2,000万円をそのまま相続債務として計上すると，右借入金のうち本件土地の価額から控除しきれない余剰債務16億9,897万7,502円が他の積極財産の価額から控除されることとなり，その結果として，本件土地の価額を客観的な市場価格である16億6,100万円と評価した場合に比べて15億4,000万円近くもの金額分だけ課税価格が圧縮されることとなる。

　これを税額についていえば，本件土地の通達に定める方法によって評価すると相続税の総額は5,004万0,200円となるのに対して，本件土地を右の客観的な市場価格で評価した場合の相続税の総額は8億1,595万8,800円となり，7億円以上もの多額の相続税の負担が軽減されることとなる。

　そのような事態は，他に多額の財産を保有していないため，右のような方法を採った場合にも結果として他の相続財産の課税価格の大幅な圧縮による相続税負担の軽減という効果を享受する余地のない納税者との間での実質的な租税負担の公平という観点からして看過し難いものといわなければならず，また，租税制度全体を通じて税負担の累進性を補完するとともに富の再分配機能を通じて経済的平等を実現するという相続税法の立法趣旨からして著しく不相当なものというべきである。

　そこで，被相続人が死亡する約5か月前の昭和62年2月に16億6,100万円で買い受け，原告らが翌昭和63年6月に18億円で他に売却した本件土地の相続開始時における客観的な市場価格は，少なくとも被相続人の取得価額を下回ることはなかったものと考えられ，その客観的な市場価格によって本件土地を評価するのが相当と判示されている。

⑶　東京地裁平成5年2月16日判決

　東京地裁平成5年2月16日判決（税務訴訟資料194号375頁。以下「③判決」という。）においての経緯は以下のとおりである*4。

　㈠　被相続人は，昭和61年4月ころから，図表－2の物件を含む多数の不動産（以下「本件評価係争物件」という。）を頻繁に購入するようになり，特に昭和61年8月19日の入院以降その購入件数が増加し，これに伴って銀行からの資金の借入れも頻繁に行われるようになった。

　㈡　不動産取引業者であるAの発案によって「相続財産対策のための事業計画」が策定され，被相続人が死亡した場合の相続税節減のための種々の対策が考えられていた。

　㈢　原告らは，右のような方策の一環として，かねて被相続人と取引のあったB銀行に支援を要請し，B銀行では，これに応じて「相続対策プロジェクト」を結成した。

　㈣　被相続人は，昭和62年1月29日に入院した。

　㈤　被相続人は，昭和62年2月14日に88歳で死亡した。

　㈥　図表－2の物件は，相続開始直後にその多くが売却され，銀行からの右借入金は逐次そのほとんどが完済された。

　このような一連の経緯に対し，判決が示す「特別の事情」は以下のとおりである。

　本件評価係争物件の価額を通達に基づき12億7,398万8,935円と評価して相続財産に計上し，その購入資金である借入金の未返済元金合計48億9,981万6,170円をそのまま相続債務として計上すると，右借入金は同物件の価額から控除し切れないことから，その差額が他の積極財産の価額から控除されることとなる。その結果，通達により本件評価係争物件を評価すると課税価格で約44億円，相続税額で

＊4　第一審東京地裁平成5年2月16日判決〔税務訴訟資料194号375頁〕，控訴審東京高裁平成5年12月21日判決〔税務訴訟資料199号1302頁〕

●図表－2　相続税評価額と取得価額との対照表

	取得物件	契約日	取得価額 千円（①）	通達に基づく 評価額 千円（②）	②／①
A	土地建物	61. 4. 25	計16,500※	計64,112	38.85%
B	宅地・畑・山林	61. 7. 30	700,000	158,744	22.67%
C	土地建物	61. 8. 2	計510,000※	計105,025	20.59%
D	宅地	61. 8. 18	150,000	49,135	32.75%
E	マンション9物件	61. 8. 21	計305,900※	計145,401	47.53%
F	マンション10物件	61. 8. 21	計228,700※	計126,166	55.16%
G	宅地・雑種地	61. 8. 21	605,760	57,764	9.53%
H	田（現況宅地）	61. 9. 3	397,120	84,635	21.31%
I	土地建物	61. 9. 25	計2,780,120※	計482,984	17.37%
	合　　計		5,842,600	1,273,988	21.80%

※　取得価額を路線価評価等の価額の比により按分
（出典）　判決文の表をもとに筆者作成

約33億円も低額になる。

　このような事態は，他に多額の財産を保有していないため，右のような方法によって相続税負担の軽減という効果を享受する余地のない他の納税者との間での実質的な租税負担の公平を著しく害し，富の再分配機能を通じて経済的平等を実現するという相続税の目的に反するものであるため，本件評価係争物件については，その相続財産としての評価を通達によらないことが相当と認められる特別の事情がある場合に該当し，相続不動産を市場における客観的な交換価格によって評価するのが相当と判示されている。

(4)　平成23年7月1日裁決

　平成23年7月1日裁決（TAINS・F0－3－326。以下「④裁決」という）においての経緯は以下のとおりである。

　(イ)　被相続人は，平成19年8月4日，マンション（以下「本件マンション」という。）を売買金額2億9,300万円で購入した。

㈡　被相続人は，平成19年7月4日に入院し，その後退院することなく平成19年○月○日（非公開）に死亡した。

㈢　平成19年11月13日，審査請求人（相続人）は，本件マンションにつき，相続を原因とする所有権移転登記を経由した。

㈣　平成20年2月2日，審査請求人と不動産業者との間で，本件マンション売却のための一般媒介契約が締結された（被相続人死亡の約4か月後に一般媒介契約を締結したことになる。）。

㈤　審査請求人は，本件マンションをなかなか売却できず，平成20年7月23日に代金2億8,500万円で売却する旨の売買契約が締結された。

㈥　本件マンションを通達に基づいて評価すると，土地4,118万1,124円，建物1,683万7,100円の合計5,801万8,224円となる。

㈦　被相続人名義で本件マンションを購入してから審査請求人が譲渡するまでの間，被相続人が本件マンションを訪れたことはなく，審査請求人が，たまに窓を開け，水を流しに行く程度で，本件マンションを利用した事実は一切ない。

このような一連の経緯に対し，裁決が示す「特別の事情」は以下のとおりである。

本件マンションを通達に基づいて評価することは，相続開始日前後の短期間に一時的に財産の所有形態がマンションであるにすぎない財産について実際の価値とは大きく乖離して過少に財産を評価することとなり，納税者間の実質的な租税負担の平等を害することとなるから，通達によらないことが正当として是認されるような特別の事情に該当する。

そして，①被相続人の本件マンション取得時（平成19年8月）と相続開始時が近接していること，②被相続人の本件マンションの取得時の金額が2億9,300万円であること，③審査請求人から本件マンションを取得した者がさらに売却を依頼した時点（平成20年7月及び同年8月）の媒介価額は3億1,500万円であること，④本件マ

ンションの近傍における基準地*5の価格は，相続開始日の前後において
いてほぼ横ばいであること等を参酌すると，本件相続開始時における
る本件マンションの時価は，取得価額とほぼ同等と考えられるから，
本件マンションは2億9,300万円と評価するのが相当と判断されて
いる。

(5)　東京地裁令和元年8月27日判決

　東京地裁令和元年8月27日判決（税務訴訟資料269号順号13304。
以下「⑤判決」という。）においての経緯は以下のとおりである*6。

　(イ)　被相続人は，平成21年1月30日，J社から本件甲不動産を総
　　　額8億3,700万円で購入した。

　(ロ)　被相続人は，同日付けでK銀行から6億3,000万円を借り入
　　　れ，同銀行がその際に作成した貸出稟議書の採上理由欄には
　　　「相続対策のため不動産購入を計画。購入資金につき，借入の
　　　依頼があったもの。」との記載がある。

　(ハ)　被相続人は，平成21年12月25日，M社から本件乙不動産を
　　　総額5億5,000万円で購入した。

　(ニ)　被相続人は，同月21日に訴外Eから4,700万円を借り入れ，
　　　同月25日にK銀行から3億7,800万円を借り入れた。同銀行が
　　　その際に作成した貸出稟議書の採上理由欄には「相続対策のた
　　　め本年1月に630百万円の富裕層ローンを実行し不動産購入。
　　　前回と同じく相続税対策を目的として第2期の収益物件購入を
　　　計画。購入資金につき，借入の依頼があったもの。」との記載
　　　がある。

　(ホ)　被相続人は，平成24年6月○日に94歳で死亡した。

　(ヘ)　原告は，平成25年3月7日に，買主Hに対して本件乙不動

＊5　第4章参照
＊6　第一審東京地裁令和元年8月27日判決〔税務訴訟資料269号順号13304〕，控訴
　　審東京高裁令和2年6月24日判決〔税務訴訟資料270号順号13417〕，最高裁令和4
　　年4月19日判決〔TAINS・Z888-2406〕

産を総額5億1,500万円で売却した。

(ト) 通達に基づいた本件甲不動産の評価額は2億0,004万1,474円，本件乙土地の評価額は1億3,366万4,767円である。

(チ) 被告税務署長がした各更正処分等における本件甲不動産の価額は，N社の平成27年4月22日付け不動産鑑定評価額7億5,400万円であり，本件乙不動産の価額は，O社の同日付け不動産鑑定評価額5億1,900万円である。

このような一連の経緯に対し，判決が示す「特別の事情」は以下のとおりである。

本件各不動産を除く財産の価額は6億9,787万4,456円であり，上記の各借入れに係る残債務（合計9億6,312万5,600円）を除く債務及び葬式費用の額は3,394万1,511円にとどまることから，本件各借入れ及び本件各不動産の購入がなければ，課税価格は6億円を超えるものであったにもかかわらず，本件各借入れ及び本件各不動産の購入がされたことにより，課税価格は2,826万1,000円にとどまるものとされ，基礎控除により，本件相続に係る相続税は課されないこととなる。

そこで，通達の定める評価方法を形式的に全ての納税者に係る全ての財産の価額の評価において用いるという形式的な平等を貫くと，本件各不動産の購入及び本件各借入れに相当する行為を行わなかった他の納税者との間で，かえって租税負担の実質的な公平を著しく害することが明らかというべきであり，評価通達の定める評価方法以外の評価方法によって評価することが許されるというべきである。全証拠によっても各不動産鑑定評価の適正さに疑いを差し挟む点が特段見当たらないことに照らせば，本件各不動産の相続税法22条に規定する時価は，それぞれ不動産鑑定評価額であるとするのが相当と判示されている。

⑹ 東京地裁令和 2 年11月12日判決

東京地裁令和 2 年11月12日判決（TAINS・Z888 − 2362。以下「⑹判決」という。）においての経緯は以下のとおりである。

(イ) 被相続人は，平成25年 7 月25日，共同住宅（賃貸マンション。以下「本件不動産」という）を L 社から15億円で購入する旨の売買契約を締結した。

(ロ) 被相続人は，平成25年 8 月20日，C 銀行から15億円を借り入れた。なお，本件借入れの最終弁済期日は平成52年 8 月20日，借入期間は27年間である。

(ハ) 被相続人及び原告（相続人）は，C 銀行担当者らとの間でかねてより相続税対策について相談を重ね，本件不動産の購入等による相続税の圧縮効果等を検討していたところ，被相続人が肺がんにり患したことが発覚した後に不動産の購入を急ぎ，その翌月に本件不動産を購入したものである。

(ニ) 被相続人は，平成○年○月○日，89歳で死亡した。

(ホ) 相続人は，本件不動産の価額につき，通達の定めに基づいて 4 億7,761万1,109円と評価し，借入金15億円を債務として計上して相続税の申告をした。

(ヘ) 処分行政庁は，本件不動産は通達の定めによって評価することが著しく不適当と認められるとして，本件不動産の価額を一般財団法人日本不動産研究所に所属する不動産鑑定士による鑑定評価額10億4,000万円として課税処分を行った。

このような一連の経緯に対し，判決が示す「特別の事情」は以下のとおりである。

本件不動産につき通達に基づく評価額は 4 億7,761万1,109円であるところ，不動産鑑定士が不動産鑑定評価基準に基づいて算定した価額10億4,000万円（以下「本件鑑定評価額」という。）と比較すると，その 2 分の 1 にも達しておらず，金額としても 5 億円以上

の著しい乖離が生じている。また，本件相続開始の約2か月前である平成25年7月25日に，被相続人自身が本件不動産を購入した際の売買価額は，本件鑑定評価額を上回る15億円であって，通達による評価額と売買価額との間には更に著しい乖離が発生している。

　そこで，本件不動産について通達によって評価することによって，かえって租税負担の実質的な公平を著しく害することが明らかであるから，特別の事情があるというべきであり，本件鑑定評価額は，本件不動産の客観的な交換価値を示すものとして合理性を有するものであるから，本件不動産の時価を本件鑑定評価額とすることが相当と判示している。

3 裁判例からみる総則6項の適否

　さて，これらの裁判例・裁決例を参考に下記のポイントを考察してみたい。

㈠　評価の差がどのくらいあるのか

　まず，評価の差（さらには税額の差）がどのくらいあるのかという点であるが，通達による評価額は，実勢価額と比較してほとんどのケースで半分以下となる。

　例えば，①判決においては通達による評価額は取得価額の17％であり，②判決においては7％にとどまる。課税価格が圧縮されることにより，相続税の基礎控除額を下回り申告不要となるケースさえある。

　また，課税価格の圧縮に伴い，相続税額も圧縮されることとなり，②判決では7億円，③判決では33億円もの税額が軽減され，不動産評価の乖離によって，課税額について大幅な差が生じ，納税者間の租税負担の実質的な公平を著しく害するということになる。

　ただし，どの程度の乖離があると著しく不適当に該当するのかは明らかではない。

(ロ) **不動産の購入から相続開始までの期間はどのくらい短いのか**

　次に，不動産の購入から相続開始までの期間はどのくらい短いのかという点である。

　①判決においては，被相続人が借入金によりマンション11戸を購入し，約2か月後に相続が発生した。さらにその1～2か月後には売却のための一般媒介契約を不動産業者と締結してマンションを他に売却している。

　また，②判決においては，借入金により7か所の土地を購入し，約5か月後に相続発生，その1年後には，土地の全てを他に売却し，その売却代金を借入金の返済に充当している。

　これらはバブル期の事案であるが，相続開始の直前に，短期間に集中して複数の物件を駆け込みで購入しているといった特徴がある。

　一方，近年においては，⑤判決にあるように不動産の購入から約4年2か月で相続が発生し，相続開始の約9か月後に売却がなされている。また別の物件においては，土地建物を購入してから3年半後に相続が発生し，その後，その不動産を売却したとの記載は判決文に見当たらない。

　したがって，長い期間所有していたからといって総則6項の適用がないとは言えないこととなり，総則6項の適用範囲が拡大傾向にあるといえる。

(ハ) **収益物件であるなど購入することに経済合理性はあるのか**

　また，所有する不動産が収益物件であるなど購入することに経済合理性はあるのかという点である。

　①判決においては，購入時にマンションを賃料月額166万4,000円で賃貸する旨の賃貸借契約を締結したものの，本物件を購入するための借入金利息が月額約480万円となっており，利息が賃貸料を上回っている。

　②判決においても借入金の金利負担の年額8,918万円は，被相続人の経常所得の2倍を超えるものとなっており，また，その賃料は

月額39万6,000円であるため，本件土地から得られる収入額は，右金利負担額の20分の1程度にすぎないものとなっている。

③判決においても，不動産の購入資金として合計約56億5,100万円もの巨額の銀行借入れをし，その金利は月額約3,000万円となり，被相続人の経常収入だけで弁済不能であったことからして同物件の取得行為は経済合理性を無視した異常なものとされている。

なお，相続人により，不動産の取得は資産運用目的で行われた通常の経済取引行為であるとの主張がなされることがあるが，そこでは，賃料収入と金利負担との収支，転売行為が行われた背景（日常的に売買が行われていたものであるか否か），物件の賃貸状況など，資産として運用又は保有するといった目的であることの説明が求められることに留意したい。

㈡　**相続税の負担の軽減を図ることを目的として行われるものであるか**

最後に，相続税の負担の軽減を図ることを目的として行われるものであるかという点である。

③判決においては，物件の取得時期，資金の借入行為及びその額並びに不動産の取得行為の基となった「○○家相続財産対策のための事業計画」が不動産業者により作成されており，相続が近いことを予期した被相続人及び相続人によって，主として，同物件の通達に定められた評価額と現実の取引価額との間に生じている開差を利用して相続税の負担の軽減を図るという目的で行われたものであることが明らかとされている。

また，②判決においても，銀行との間での折衝に当たった相続人が，銀行の担当者に対し，右借入れの目的について，相続の際には税負担が重くなるので，被相続人名義で資金を借り入れて不動産を購入することにより，相続税の負担の軽減を図りたいとの説明を行っていたことなどの諸事情を総合すれば，土地の取得は，これを資産として運用しあるいは保有するといった目的から行われたもの

ではなく，経済的合理性を無視し，本件土地の通達による評価額と現実の取引価額との間に生じている開差を利用して相続税の負担の軽減を図るという目的で行われたものであることが優に認められるとされている。

4 租税回避への対応

(1) 1度目の対応

① 昭和63年措置法改正

昭和63（1988）年の租税特別措置法改正により，相続又は遺贈により取得した財産のうち相続開始前3年以内に取得等をした土地等については，取得価額で評価することになった（図表－3）。

これにより，例えば通達による評価が1億円であるのに対して実勢価額10億円で取引されている不動産を取得価額の10億円で評価することによって，資産が10億円，債務が10億円となり，相続時に債務超過が発生しないこととなった。

●図表－3 租税特別措置法第69条の4（相続開始前3年以内に取得等をした土地等又は建物等についての相続税の課税価格の計算の特例）

改正前	昭和63年改正	平成8年改正
（新設）	個人が相続若しくは遺贈により取得した財産又は個人が贈与（贈与者の死亡により効力を生ずる贈与を除く。以下第70条の6までにおいて同じ。）により取得した財産で相続税法第19条の規定の適用を受けるもののうちに，当該相続又は同条の相続の開始前3年以内にこれらの相続又は遺贈に係る被相続人が取得又は新築（以下この条において「取得等」という。）をした土地等又は建物等（略）がある場合には，当該個人が取得等をした当該土地等又は建物等については，同法第11条の2に規定する相続税の課税価格に算入すべき価額又は同法19条の規定により当該相続税の課税価格に加算される贈与により取得した財産の価額は，同法第22条の規定にかかわらず，当該土地等又は建物等に係る取得価額として政令で定めるものの金額とする。 2 前項に規定する土地等とは，土地又は土地の上に存する権利（略）をいい，同項に規定する建物等とは，建物及びその附属設備又は構築物（略）をいう。	（廃止）

② 措置法69条の4の適否が争われた事例

　ところが，その後，いわゆるバブルの崩壊により地価が急落し，今度は取得価額に基づいた相続税評価額が時価を上回るという事態が生じた。

　大阪地裁平成7年10月17日判決〔税務訴訟資料214号141頁〕*7 は，租税特別措置法69条の4（以下「本件特例」という。）を適用した相続税の更正処分を違法とした事例である。

　本件の概要は以下のとおりである。

(イ)　原告は，平成3年8月に死亡した被相続人の相続人であり，相続によって7つの土地（以下「本件土地」という。）を取得した。

(ロ)　被相続人は，本件土地を平成2年3月から同年9月までの間（いずれも相続開始前3年以内）に合計21億8,032万3,998円で取得している（取得価額に算入される造成費を含めると22億4,862万3,998円となる。）。

(ハ)　相続開始時における本件土地の路線価等による評価額は合計9億0,619万2,243円である。

(ニ)　原告は，被相続人が相続開始前3年以内に取得した土地を，本件特例に従い取得価額22億4,862万3,998円で評価し，相続税の申告をした。

(ホ)　その後，原告は，本件土地の価額を不動産鑑定評価額9億5,820万円によるべきであるとして更正の請求を行った。

　被告税務署長は，本件土地の課税価格算定については措置法が適用される以上，その範囲内でなされた課税処分は適法であると主張した。

　これに対し原告は，本件土地を相続時の時価によって評価すべきであり，本件土地の時価合計は原告が更正の請求において主張した

---

*7　第一審大阪地裁平成7年10月17日判決〔税務訴訟資料214号141頁〕，控訴審大阪高裁平成10年4月14日判決〔税務訴訟資料231号545頁〕，最高裁平成11年6月11日判決〔税務訴訟資料243号270頁〕

9億5,820万円であるから，課税処分のうち，原告が更正の請求において主張する課税価格及び納付すべき税額を超える部分は取り消されるべきであると主張した。

　判決は，当該不動産の実勢価格が取得時に比べ相続開始時において下落している場合には，本件特例を適用し，取得価額をもって課税価格とするならば，相続開始時の資産価値を基準とする限り，不動産の相続については，他の資産により同額の資産価値の財産を相続した場合に比べて税負担が過大となり，本件特例によって課税の実質的公平を図ろうとしたこととは逆の意味での課税の不公平が生ずることがあり，さらに地価の下落が急激かつ著しい場合には，相続により取得した不動産の価値以上のものを相続税として負担しなければならないという極めて不合理な事態さえ起こり得ると指摘している。

　そして，本件特例をこのような著しく不公平，不合理な結果が生じるような事案にまで無制限に適用することについては憲法違反（財産権の侵害）の疑いが極めて強いといわなければならないが，仮にこのような考え方が容れられないとしても，少なくとも本件特例を適用することにより，著しく不合理な結果を来すことが明らかであるというような特別の事情がある場合にまでこれを適用することは，右法律の予定していないところと言うべきであって，これを適用することはできないとした。

　本件土地においては，その実勢価格は，その取得時に比べて相続時にはいずれも半分以下，合計では約57％減と著しく下落しており，また，本件土地のみを相続によって取得した場合を考えると，本件特例を適用した場合の原告の納付すべき税額は13億1,863万4,700円となるが，これは本件土地の相続時の実勢価格をも上回るものであり，現実にも本件相続によって原告が相続した純資産価額（相続時を基準とする。）は約11億3,000万円であるのに対し，被告が主張する本件土地について本件特例を適用した場合の原告の納付すべき税

額は約14億3,700万円にも上り，相続によって取得した全資産をもってしても相続税額に足りないという結果となる。このような事態が著しく不合理なものであることは明白であり，本件土地の相続については本件特例を適用することができないというべきであるから，地裁においては，本件土地の課税価格の算定に当たっては，原則に返って相続税法22条に従いその時価によるべきことになるが，右時価の評価の方法は，特段の事情がない限り，財産評価基本通達の定めに従うべきものと判示された。

③　措置法69条の４の廃止

そして，本件特例は，その適用件数が年々減少し，平成７（1995）年においては大幅に減少するなどその存在意義が次第に失われてきたとみられるようになり，これを反映して平成８（1996）年度改正により廃止されている。

ただし，廃止にあたって，平成３（1991）年１月１日から平成７（1995）年12月31日までの間に相続により取得した土地には，その者の各種の税額控除の額を控除する前の相続税の金額は，本件特例の適用を受けた土地等について，その特例の適用がないものとした場合におけるその相続人に係る相続税の課税価格に相当する金額に100分の70の割合を乗じて算出した金額である本件経過措置適用後の算出税額と，この本件経過措置を適用する前の相続税額とのいずれか少ない金額とする経過措置が設けられた。

そのため，前述の大阪地裁の事案においてもこの経過措置が適用され，高裁判決において，本件土地の価額は８億0,096万9,217円，納付すべき税額は６億7,385万2,900円となっている（図表－４）。

●図表−4　経過措置を適用した場合の税額等

区　　　　分		本件特例を適用した場合の計算	本件経過措置を適用した場合の計算
取得財産の価額	1	4,215,873	4,215,873
1のうち特例土地等の取得価額	2	2,248,623	
1のうち特例土地等の相続開始時価額	3		800,969
債務及び葬式費用の金額	4	1,805,571	1,805,571
課税価格相当額	5	2,410,302　ア	962,647　イ
遺産に係る基礎控除	6	64,000	
計算の基礎となる金額 （1000円未満切捨て）	7	2,346,302　ア （5ア−6）	962,647　イ
相続税の総額	8	1,431,810　ア	673,852　イ （7イ×70%）
納付すべき相続税額	9	1,431,810　ア （8ア×100%）	673,852　イ （8イ×100%）

(2)　2度目の対応

①　令和5年通達改正

　バブル崩壊による地価下落は平成10（1998）年頃には下げ止まり，横ばいを続ける。そのような中で，平成18（2006）年頃に都市の再開発への投資やタワーマンションの需要過熱で地価が少し上昇に転じる。いわゆるミニバブル現象である。そこで，再び相続直前に購入したタワマンの実勢価額と通達による評価の乖離の問題が発生する。

　しかし，旧措置法69条の4が平成8年に廃止されて以降，タワマン節税に関しては改正が行われることなく，総則6項による牽制がなされ，ケースによっては総則6項の適用により手当てがなされてきた（2(4)～(6)の裁決・判決）。

　そして，令和5年の通達改正により，令和6年1月1日以後に相続，遺贈又は贈与により取得した「居住用の区分所有財産」（いわゆる分譲マンション）の価額は，新たに定められた評価方法によることとされた[8]。

---

[8]　国税庁「居住用の区分所有財産の評価について（法令解釈通達）」令和5年9月28日

② 改正の概要

　従来，タワーマンションの敷地の評価は，敷地利用権（土地）と区分所有権（建物）の価額により行われてきた。

　改正後は，従来の評価に「区分所有補正率」を乗じることとされた。これにより，実勢価額と通達による評価の乖離を小さくするというものである。

　居住用の区分所有財産の価額は，次の算式のとおり評価する。

（算式）

　　価額 ＝ 区分所有権の価額(イ) ＋ 敷地利用権の価額(ロ)

　　イ　従来の区分所有権の価額※　×　区分所有補正率
　　　　※ 家屋の固定資産税評価額 × 1.0

　　ロ　従来の敷地利用権の価額※　×　区分所有補正率
　　　　※ 路線価を基とした1㎡当たりの価額 × 地積　×敷地権の割合

　なお，「居住用の区分所有財産」とは，一棟の区分所有建物に存する居住の用に供する専有部分一室に係る区分所有権（家屋部分）及び敷地利用権（土地部分）をいう。

　また，「居住の用に供する専有部分」とは，一室の専有部分について，構造上，主として居住の用途に供することができるものをいい，原則として，登記簿上の種類に「居宅」を含むものがこれに該当する。

③ 「区分所有補正率」の計算方法

　区分所有補正率は，「1評価乖離率」，「2評価水準」，「3区分所有補正率」の順に，以下のとおり計算する。

　まず，評価乖離率は，以下の算式のとおり，区分所有建物の築年数，総階数，所在階，敷地持分狭小度を考慮して求める。

（算式）

評価乖離率＝A＋B＋C＋D＋3.220

上記算式中の「A」，「B」，「C」及び「D」は，それぞれ次による。

「A」＝一棟の区分所有建物の築年数×△0.033

　　※建築の時から課税時期までの期間（1年未満の端数は1年とする）

「B」＝一棟の区分所有建物の総階数指数×0.239（小数点以下第4位切捨て）

　　※総階数（地階を含まない。）を33で除した値（小数点以下第4位切捨て，1を超える場合は1）

「C」＝一室の区分所有権等に係る専有部分の所在階×0.018

　　※専有部分がその一棟の区分所有建物の複数階にまたがる場合（いわゆるメゾネットタイプの場合）には，階数が低い方の階。なお，専有部分の所在階が地階である場合には，零階とし，Cの値は零

「D」＝一室の区分所有権等に係る敷地持分狭小度×△1.195（小数点以下第4位切上げ）

　　※ 敷地持分狭小度（小数点以下第4位切上げ）＝敷地利用権の面積÷専有部分の床面積

　　※ 敷地利用権の面積は，次の区分に応じた面積（小数点以下第3位切上げ）

　　　①一棟の区分所有建物に係る敷地利用権が敷地権である場合
　　　……一棟の区分所有建物の敷地の面積×敷地権の割合
　　　②上記①以外の場合
　　　……一棟の区分所有建物の敷地の面積×敷地の共有持分の割合

　なお，評価乖離率が零又は負数の場合には，区分所有権及び敷地利用権の価額は評価しない。

④　評価水準

　次に，評価水準は，以下の算式のとおり1を評価乖離率で除した値とする。

（算式）

　評価水準（評価乖離率の逆数）＝１÷評価乖離率

⑤　区分所有補正率の算定

　最後に，一室の区分所有権等に係る敷地利用権の価額は，「自用地としての価額」に，次の算式による区分所有補正率を乗じて計算した価額を当該「自用地としての価額」とみなして評価通達を適用して評価する。

　（算式）

　⑴　評価水準が1を超える場合
　　　　区分所有補正率＝評価乖離率
　⑵　評価水準が0.6未満の場合
　　　　区分所有補正率＝評価乖離率×0.6

　つまり，通達による評価額の評価水準が，実勢時価の60%以上であれば補正をせず，60%未満のものは60%の評価水準まで引き上げるということである。

区　分	区分所有補正率
評価水準 ＜ 0.6	評価乖離率 × 0.6
0.6 ≦ 評価水準 ≦ 1	補正なし
1 ＜ 評価水準	評価乖離率

⑥　この個別通達の適用がないもの

　ただし，下記に掲げるものについては，この個別通達の適用はない。

㈠　構造上，主として居住の用途に供することができるもの以外のもの（事業用のテナント物件など）

㈡　区分建物の登記がされていないもの（一棟所有の賃貸マンションなど）

㈢　地階（登記簿上「地下」と記載されているもの。）を除く総階

数が２以下のもの（総階数２以下の低層の集合住宅など）

㈢　一棟の区分所有建物に存する居住の用に供する専有部分一室の数が３以下であって，その全てを区分所有者又はその親族の居住の用に供するもの（いわゆる二世帯住宅など）

㈭　たな卸商品等に該当するもの

㈯　借地権付分譲マンションの敷地の用に供されている貸宅地（底地）に該当するもの

5　本章のまとめ

　総則６項は，納税者が評価額の開差を利用して税負担の軽減を図ることにより，納税者間の実質的な租税負担の公平という観点からして看過し難い事態を招くことになる場合には通達によらず別の評価方法によることが相当とされている。

　その実質的な租税負担の公平を損なうものであるか否かは，いくつかのポイントをもとに判断がなされる。通達による評価額と実勢価額の乖離は当然に大きなものとなっていることから，問題は，購入から相続開始までの期間や不動産購入の動機である。

　従来は，相続開始の直前に，短期間に集中して複数の不動産を駆け込みで購入し，相続直後に売却するなどが特徴的であったが，近年においては，不動産の購入から相続開始までの期間が１年であっても，賃貸物件であっても総則６項の適用がされることがあり，期間が２か月であっても空室であっても適用されないときもある。

　また，相続税対策の意図がないとか，不動産の購入目的が収益性の確保や不動産賃貸業の維持にあったとしても総則６項がなされないというものではない。

　なお，令和６年より区分所有マンションの評価方法は改正となったが，実勢時価と通達評価額の差が全く埋まったわけではなく，ま

た，商業ビルやホテル，一棟のマンションの敷地においては引き続き乖離がみられることになる。

　第1章で述べたとおり，評価通達は，土地の客観的な取引価格を認定することが困難であるところから，あらかじめその価格方法を定め，画一的な評価をしようというものであるが，現在の運用は，あるときは総則6項の適用がなされ，あるときは適用がなされないといったように納税者にとって不確定なものとなっている。

第 3 章
総則 6 項による租税回避の否認と通達改正

1 租税公平主義と租税法律主義

(1) 租税の基本原則

　本章では，株式の評価を通じた納税者の租税回避と総則6項による否認事例を確認しておきたい。これらは特殊な事案ではあるが，租税回避に対しては包括的な総則6項の適用があるという先例となっている。

　租税法の基本原則については改めて詳細に論じないが，1つに租税公平主義がある。各種の租税法律関係において国民は平等に取り扱われなければならない。課税上，同様の状況にあるものは同様に，異なる状況にあるものは状況に応じて異なって取り扱われるべきものとされている[*1]。

　一方，もう1つの原則として租税法律主義がある。そこでは，国民の自由と財産を保護し，国民の経済生活に法的安定性と予測可能性を与えるため，租税の賦課・徴収は必ず法律の根拠に基づいて行わなければならないとされている。

(2) 租税回避への対応

　そこで，納税者により租税回避行為が行われた場合，当事者の私法上の法形式をそのまま容認して課税を行うのか，又は，租税法上，通常用いられる法形式に引き直して課税を行うのかという問題がある。

　なお，租税回避とは，「合理的または正当な理由がないのに，通常用いられない法形式を選択することによって，通常用いられる法形式に対応する税負担の軽減または排除を図る行為」をいう[*2]。

＊1　金子宏『租税法（第24版）』（弘文堂，2021年）89頁参照
＊2　金子・前掲＊1・134頁

納税者の租税回避に対し，法律上に個別の否認規定がある場合には，その定める要件にしたがって否認が認められることは言うまでもない[*3]。問題は，個別の否認規定がない場合である。この場合に否認が認められないとすると，租税回避行為を行った者が不当な利益を受けることができ，通常の法形式を選択した納税者との間に不公平が生ずることとなるため，租税公平主義からすると否認規定の有無にかかわらず否認を認めるべきであるということになる[*4]。

　しかし，租税法律主義のもとでは，法律の根拠なく当事者の選択した法形式を通常用いられる法形式に引き直して課税が行われる権限を租税行政庁に認めることは困難である。これは租税回避行為が容認されるべきものということではなく，新しい租税回避の類型が生み出されるごとに，立法府が迅速にこれに対応し，個別の否認規定を設けて問題の解決を図るべきものと考えられている[*5]。

(3)　財産評価と租税法律主義

　相続税や贈与税の財産評価の実務は，財産評価基本通達に依拠して行われている。法律とは異なるものであるが，相続税法の解釈・適用に関する多くの問題は通達に即して解決されることになるから，現実には通達は法律と同様の機能を果たしている[*6]。

　したがって，国民の自由と財産を保護し，経済生活に法的安定性と予測可能性を与えるという租税法律主義の考え方に基づき，法律を通達に置き換えて考えることができる。つまり，通達の根拠なく

---

*3　納税者の租税回避を防止するための相続税法の規定として，主に以下のものがある。
　㈠　同族会社等の行為又は計算の否認等（相法64）
　㈡　特別の法人から受ける利益に対する課税（相法65）
　㈢　人格のない社団又は財団等に対する課税（相法66）
　㈣　特定の一般社団法人又は一般財団法人に対する相続税の課税（相法66の2）
　㈤　相続人の数に算入される養子の数の否認（相法63）
*4　金子・前掲*1・138頁参照
*5　金子・前掲*1・138頁参照
*6　金子・前掲*1・116頁参照

当事者の選択した形式を通常用いられる形式に引き直して課税を行うべきではなく，新しい租税回避の類型が生み出されるごとに，租税行政庁が迅速にこれに対応し，個別の否認規定を設けて問題の解決を図るべきものということになる。

そこで，財産評価における納税者の租税回避への対応について，5つの事例を参考にしてみたい。

2　Ａ社Ｂ社方式と総則6項

(1)　事案の概要

取引相場のない株式の評価を行う際，その評価方法の1つである純資産価額方式では，評価会社の資産から負債及び評価差額に対する法人税額等相当額を控除して一株当たりの純資産価額を算出する（評価通達185）[7]。相続の開始によって評価会社を解散，清算した場合には，その清算所得（いわゆる含み益）に法人税等が課されることを配慮したものである。

そこで，例えば，被相続人が，①金融機関からの借入れ（10億円）によりＡ社を設立し，②その出資の全てを著しく低い価額（1億円）で現物出資してＢ社を設立する（図表－1）。③相続開始時の相続財産はＢ社の出資となり，Ｂ社の出資持分を財産評価基本通達にしたがって評価すると，平成6年の通達改正前においては，低額な帳簿価額（1億円）と相続税評価額（10億円）との差に評価差額（9億円）が生じることになる。

仮に法人税額等相当額を51％とすると，法人税額等相当額は（10億円－1億円）×51％の4.59億円となり，Ｂ社の出資は10億円－4.59

---

[7] 「評価差額に対する法人税額等相当額」は，相続税評価額による純資産価額から帳簿価額による純資産価額を控除して残額がある場合には，その残額に法人税額等相当額の割合（現行37％）を乗じて算出する（評価通達186－2）。

●図表－1　現物出資の場合

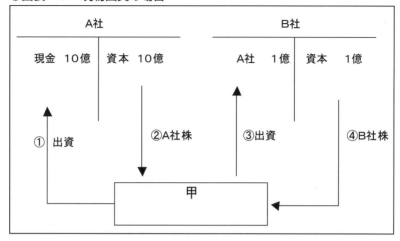

億円＝5.41億円まで圧縮することができたのである（旧評価通達186
－2）。

　そして，④相続開始後にA社とB社を合併した上，相続人がA
社の出資を減資により回収し，それを債務の返済に充てる。いわゆ
るA社B社方式である。

(2)　争 訟 事 例

　そこで，大津地裁平成9年6月23日判決〔税務訴訟資料223号1046
頁〕において，純資産価額の計算上，このような著しく低い価額に
より現物出資がなされた場合についてまで法人税額等相当額を控除
すべきか否かが争われた[8]。

＊8　そのほかA社B社方式に関する主な事例として，東京地裁平成10年9月29日
　〔判例タイムズ1025号142頁〕，横浜地裁平成11年10月25日〔税務訴訟資料245号91
　頁〕，神戸地裁平成11年12月13日〔税務訴訟資料245号749頁〕，大阪地裁平成12年5
　月12日〔税務訴訟資料247号607頁〕などがある。
　　また，親から子へ，B社の出資を法人税額等相当額を控除した価額により売買し
　た結果，法人税額等相当額の控除をしない場合の価額と対価の差額が低額譲渡（み
　なし贈与）に当たるとされた事例として平成10年9月28日裁決〔裁決事例集56巻
　351頁〕，東京地裁平成12年5月30日〔税務訴訟資料247号966頁〕がある。

被相続人は平成３年９月９日に死亡し，原告は相続財産として有限会社Ｂの出資を取得した。

そのＢ社の出資を評価通達に基づき，法人税額等相当額を控除して評価すると一口当たり３万1,956円（総額10億2,054万6,816円）となり，法人税額等相当額を控除しないで評価すると一口当たり６万4,284円（総額20億5,297万3,824円）となる。

判決は，実質的に，被相続人の出資が，ほぼそのまま相続人に移ったものと評価できるにもかかわらず，評価通達により法人税額等を控除して計算すると，被相続人の資産は，Ａ社の出資からＢ社の出資に形を変えた時点で直ちにほぼ半額となり，その分課税額が著しく圧縮されることになるのであり，このような場合にまで，法人税等相当額を控除して計算することは，富の再分配機能を通じて経済的平等を実現するという相続税法の立法趣旨にも反することが明らかであるとし，また，評価通達の趣旨に鑑みれば，本件出資の評価については法人税相当額等を控除しないことによる方法により評価するのが妥当であると判示した。

(3)　その後の通達改正

なお，評価差額に対する法人税額等相当額については，数次の改正が行われており（図表－２），平成６年に現物出資により著しく低い価額で受け入れた取引相場のない株式がある場合には，その株式の相続税評価額と帳簿価額の評価差額を発生させないこととされている。

また，平成11年には，現物出資に加えて「合併」により著しく低い価額で受け入れた場合も追加され，「取引相場のない株式」を対象としていたものが「資産」全体へと拡大している[9]。

---

*9　合併により株式を著しく低い価額で受け入れた場合において，法人税額等相当額の控除の可否が争われた事例として，平成12年７月12日裁決〔裁決事例集60巻546頁〕がある。

●図表－2　評価通達186－2の改正経緯

改正前	平成6年改正	平成11年改正
185《純資産価額》の「評価差額に対する法人税額等に相当する金額」は，次の(1)の金額から(2)の金額を控除した残額がある場合におけるその残額に51％（清算所得に対する法人税，事業税，道府県民税及び市町村民税の税率の合計に相当する割合）を乗じて計算した金額とする。 (1)　課税時期における各資産をこの通達に定めるところにより評価した価額の合計額（以下この項において「課税時期における相続税評価額による総資産価額」という。）から課税時期における各負債の金額の合計額を控除した金額 (2)　課税時期における相続税評価額による総資産価額の計算の基とした各資産の帳簿価額の合計額から課税時期における各負債の金額の合計額を控除した金額	185《純資産価額》の「評価差額に対する法人税額等に相当する金額」は，次の(1)の金額から(2)の金額を控除した残額がある場合におけるその残額に51％（清算所得に対する法人税，事業税，道府県民税及び市町村民税の税率の合計に相当する割合）を乗じて計算した金額とする。 (1)　課税時期における各資産をこの通達に定めるところにより評価した価額の合計額（以下この項において「課税時期における相続税評価額による総資産価額」という。）から課税時期における各負債の金額の合計額を控除した金額 (2)　課税時期における相続税評価額による総資産価額の計算の基とした各資産の帳簿価額の合計額（当該各資産のなかに，現物出資により著しく低い価額で受け入れた取引相場のない株式（出資及び転換社債（197－5《転換社債の評価》の(3)に定めるものをいう。）を含む。以下この項において，「現物出資受入れ株式等」という。）がある場合には，当該各資産の帳簿価額の合計額に，現物出資のときにおいて当該現物出資受入れ株式等をこの通達に定めるところにより評価した価額から当該現物出資受入れ株式等の帳簿価額を控除した金額（以下この項において「現物出資受入れ差額」という。）を加算した価額）から課税時期における各負債の金額の合計額を控除した金額	185《純資産価額》の「評価差額に対する法人税額等に相当する金額」は，次の(1)の金額から(2)の金額を控除した残額がある場合におけるその残額に42％（清算所得に対する法人税，事業税，道府県民税及び市長村民税の税率の合計に相当する割合）を乗じて計算した金額とする。 (1)　課税時期における各資産をこの通達に定めるところにより評価した価額の合計額（以下この項において「課税時期における相続税評価額による総資産価額」という。）から課税時期における各負債の金額の合計額を控除した金額 (2)　課税時期における相続税評価額による総資産価額の計算の基とした各資産の帳簿価額の合計額（当該各資産のなかに，現物出資又は合併により著しく低い価額で受け入れた資産（以下この項において，「現物出資等受入れ株式」という。）がある場合には，当該各資産の帳簿価額の合計額に，現物出資又は合併のときにおいて当該現物出資等受入れ資産をこの通達に定めるところにより評価した価額から当該現物出資等受入れ資産の帳簿価額を控除した金額（以下この項において「現物出資等受入れ差額」という。）を加算した価額）から課税時期における各負債の金額の合計額を控除した金額

　平成12年には，「現物出資」又は「合併」に加えて，「株式交換若しくは株式移転」，令和3年には「株式交付」により著しく低い価額で受け入れた場合も，相続税評額と帳簿価額の評価差額を発生させないこととされている。

3 株式の原則評価と配当還元方式

　もう1つ大きな論点となったのが配当還元方式をめぐる問題である。

　財産評価基本通達における取引相場のない株式の評価は，まず株主の区分を行い（評価通達188），「同族株主」が取得した株式については，原則として類似業種比準方式や純資産価額方式といった原則的評価方式を適用する。

　一方，「同族株主以外の株主等」が取得した株式については，特例的評価方式としての配当還元方式を採用している（評価通達188

●図表－3　株主区分

株主の態様による区分					評価方式
会社区分	株主区分				
同族株主のいる会社	同族株主グループ	取得後の議決権5%以上			原則的評価方式
		取得後の議決権5%未満	中心的な同族株主がいない場合の株主		
			中心的な同族株主（25%以上）がいる場合	中心的な株主	
				役員	
				その他株主	配当還元方式
	同族株主以外の株主				
同族株主のいない会社	議決権割合の合計が15%未満のグループに属する株主				
	議決権割合の合計が15%以上のグループに属する株主	取得後の議決権5%未満	中心的な株主（10%以上）がいる場合	その他株主	
				役員	原則的評価方式
			中心的な株主がいない場合の株主		
		議決権割合の合計が5%以上			

※「同族株主」とは，株主の1人及びその同族関係者の有する議決権の合計数が30%以上（株主の1人及びその同族関係者の有する議決権の合計数が50%超である会社にあっては50%超）である場合におけるその株主及びその同族関係者をいう。

※「中心的な同族株主」とは，同族株主の1人並びにその株主の配偶者，直系血族，兄弟姉妹及び1親等の姻族（これらの者の同族関係者である会社のうち，これらの者が有する議決権の合計数が25%以上の会社を含む。）の有する議決権の合計数が25%以上である場合におけるその株主をいう。

※「中心的な株主」とは，株主の1人及びその同族関係者の有する議決権の合計数が15%以上である株主グループのうち，単独で議決権総数の10%以上を有している株主をいう。

－2）。これは，少数株主は，一般的に，持株割合が僅少で会社の事業経営に対する影響力が少なく，ただ単に配当を期待するにとどまるといった実質のほか，株式の価額を原則的評価方式により算定することは多大の労力を要することから，評価手続の簡便性をも考慮した取扱いである。

ここでは，評価会社の議決権割合を51％所有している株主には原則的評価方式が適用される一方，議決権割合が49％の株主には配当還元方式が適用される。

また，議決権割合が同じ６％であっても，その者が非同族株主グループに所属していれば配当還元方式であるのに対し，同族株主グループに所属している株主については原則的評価方式が適用される。

なお，一般的に１株当たりの株価については，原則的評価方式によるものは高額に，配当還元方式によるものは低額となり，両者には著しい評価差が生じているのが現状である[10]。

4 買戻権の付された少数株式と総則6項

(1) 事案の概要

そこで考えられることは，配当還元方式を適用するために，株式の所有者を意図的に「同族株主以外の株主」となるような状況を創り出すことである。

例えば，被相続人が，①第三者を同族株主とするA社の株式を，

---

[10] １株当たりの価額のイメージとしては，純資産価額方式で１万円や類似業種比準方式で5,000円となるのに対し，配当還元方式は500円などとなる。

本章では原則的評価方式と配当還元方式の乖離の問題を取り上げているが，純資産額方式と類似業種比準方式の評価の差が大きいことにより意図的な類似業種比準方式の適用を防止するため，平成２年に土地保有特定会社や株式保有特定会社の規定が設けられている。

純資産価額（10億円）で借入金によって買い受ける。②その株式を購入する際に，後日純資産価額で買い戻しが保障される契約を結ぶ，③相続発生時，Ａ社株式は，同族株主以外の株主等が取得した株式として配当還元方式により評価（1,000万円）を行い，10億円が相続債務として控除される。④相続発生後，相続人は株式をあらかじめ定められた買取価額（10億円）で売却し借入金を返済する。

　つまり，被相続人が借入金によって純資産価額で少数株式を取得し，相続時に配当還元価額で相続税を計算し，相続開始後に純資産価額で売却して借入金を返済するというものである[11]。

(2)　争　訟　事　例

　そこで，東京地裁平成11年３月25日判決〔税務訴訟資料241号345頁〕においては，このような買戻権の付された株式の評価について，配当還元方式によるべきか買取価額（純資産価額）によるべきか否かが争われた[12]。

　被相続人は平成５年11月24日に死亡し，相続人は相続財産として取引相場のない株式を取得した。

　その株式を評価通達に基づき，配当還元方式により評価を行うと一株当たり208円（総額3,282万2,400円）となり，買取価額（純資産価額）により評価を行うと一株当たり１万7,223円（総額27億1,778万9,400円）となる。

　判決は，本件株式については，同族株主以外の株主がその売却を希望する場合には，時価による価額の実現が保障されており，配当

---

*11　「節税策で出資に追徴──東京都内の投資会社が発行する株式を購入して相続税・贈与税を節税していた資産家ら20数人に対して，各国税局が総額200億円近い申告漏れを指摘していた。追徴税額は過少申告加算税を含めて約100億円近くにのぼると見られる。」と報道されている（日本経済新聞1996年７月18日）。
*12　そのほか買戻権の付された配当還元スキームに関する事例として，東京地裁平成11年３月25日〔税務訴訟資料241号345頁〕，東京地裁平成11年９月29日〔税務訴訟資料244号981頁〕，大阪地裁平成12年２月23日〔税務訴訟資料246号868頁〕などがある。

の額と比較しても売却する場合に保障される売却代金（時価）が著しく高額であることからすると，本件株式を保有する経済的実益は，配当金の取得にあるのではなく，将来純資産価額相当額の売却金を取得する点に主眼があると認められ，同族株主以外の株主の保有する株式の評価について配当還元方式を採用する評価通達の趣旨は，本件株式には当てはまらないと判示している。

　そして，このような租税負担の実質的な公平を著しく害してまで，租税回避という意図を保護すべき理由はないとして，当該株式を配当還元方式によらず買取価額（純資産価額）により評価することを認めている。

5　低額な資本組み入れと総則6項

(1)　事案の概要

　配当還元方式は，平成18年改正前においては，次の算式のとおり，分子が「資本金の額」とされていた（旧評価通達188－2）[13]。
（算式）

$$\frac{その株式に係る年配当金額[*]}{10\%} \times \frac{その株式の一株当たりの資本金の額}{50円}$$

　[*]年配当金額については，2円50銭未満又は無配のものは2円50銭とする。

　そこで，例えば，第三者が10億円を出資しての有限会社（発行済出資数1,000口）を設立する。その際，資本金と資本準備金の割合を1対99とすると，資本金は1,000万円，資本準備金は9億9,000万

---

[13]　平成18年改正において，資本金に資本準備金を加えて「資本金等の額」とされている。

円となる[*14]。いわゆる低額な資本組み入れである。

そして，その有限会社の出資49％（4億9,000万円）を被相続人が借入金により取得する。

これを配当還元方式で評価すると，一口当たりの出資は，

$$\frac{2円50銭}{10\%} \times \frac{1万円（一株当たりの資本金の額）}{50円} = 5,000円$$

となる。相続財産としての取引相場のない株式が245万円（5,000円×490口）と評価され，借入金4億9,000万円が相続債務ということになる。

(2) 争 訟 事 例

① 大阪地裁平成15年7月30日判決

そこで，大阪地裁平成15年7月30日判決〔税務訴訟資料253号順号9402〕においては，このような低額な資本組入れが行われた場合の配当還元方式の適否が争われた。

被相続人は平成4年8月22日に死亡し，相続人は相続財産として有限会社の出資を取得した。

その出資を評価通達に基づき評価を行うと一口当たり5,000円（総額245万円）となり，純資産価額方式により評価を行うと一口当たり97万4,417円（総額3億8,197万1,464円）となる。

判決は，このような場合にまで形式的に配当還元方式を適用することは，客観的な交換価値によって評価した場合に比べて相続税の課税価格に著しい格差を生ぜしめ，他の納税者との実質的な租税負担の公平という観点からして看過し難いものというべきであり，また，相続制度全体を通じて税負担の累進性を補完するとともに富の再分配機能を通じて経済的平等を実現するという法の立法趣旨から

[*14] 当時の有限会社法においては，出資1口額の制限として，5万円を下ることを得ずとしか定められていない（10条）。

しても著しく不当なものというべきであると述べている。

　そして，本件出資がもっぱら相続税の負担の軽減を図る目的としてなされたに過ぎないことに鑑みれば，純資産価額により評価することが相当であるとしている。

② 大阪地裁平成16年8月27日判決

　また，同様の事案である大阪地裁平成16年8月27日判決〔税務訴訟資料254号順号9727〕においても，専ら出資の評価額を低廉なものとするための方策として1対99の割合をもって資本金と資本準備金への振り分けをしており，配当還元方式を適用して本件出資の価額を評価することが実質的な租税負担の公平を著しく害することが明らかであって，上記評価方法によらないことが正当と是認される特別の事情が存するものとされている[15]。

　ただし，その評価方法については，当該出資をした者が評価会社を支配しているとはいえないような場合にまで，純資産価額方式により算出した金額（一口当たり99万7,894円）により，当該出資の有する客観的な交換価値が反映されているものと解する合理的根拠は見出し難いとした。

　そして，評価通達に定める方式に準じ，下記の算式のとおり，「一株当たりの資本金の額」を払込金額全額の100万円とした上で，一口当たり50万円（総額2億4,500万円）として評価を行っている。

（算式）

$$\frac{2円50銭}{10\%} \times \frac{100万円}{\dfrac{（一口当たりの資本金の額＋資本準備金の額）}{50円}} = 50万円$$

---

[15] 本件の原告（受贈者）は，平成5年6月15日に，贈与によって父から有限会社の出資を取得した。その出資を評価通達に基づき評価を行うと，一口当たり5,000円（総額245万円）となり，純資産価額方式により評価を行うと一口当たり99万7,894円（総額2億4,443万4,030円）となる。

●図表－4　評価通達188－2の改正

改　正　前	平成18年改正
前項の株式の価額は，その株式に係る年配当金額（183《評価会社の一株当たりの配当金額等の計算》の(1)に定める一株当たりの配当金額をいう。ただし，その金額が2円50銭未満のもの及び無配のものにあっては2円50銭とする。）を基として，次の算式により計算した金額によって評価する。ただし，その金額がその株式を179《取引相場のない株式の評価の原則》の定めにより評価するものとして計算した金額を超える場合には，179《取引相場のない株式の評価の原則》の定めにより計算した金額によって評価する。	前項の株式の価額は，その株式に係る年配当金額（183《評価会社の一株当たりの配当金額等の計算》の(1)に定める一株当たりの配当金額をいう。ただし，その金額が2円50銭未満のもの及び無配のものにあっては2円50銭とする。）を基として，次の算式により計算した金額によって評価する。ただし，その金額がその株式を179《取引相場のない株式の評価の原則》の定めにより評価するものとして計算した金額を超える場合には，179《取引相場のない株式の評価の原則》の定めにより計算した金額によって評価する。

その株式に係る年配当金額	×	その株式の一株当たりの資本金の額	その株式に係る年配当金額	×	その株式の一株当たりの資本金等の額
10%		50円	10%		50円

(3)　その後の通達改正

　なお，配当還元方式の算式は，大阪地裁平成16年8月27日判決を受けて，平成18年に資本金に資本準備金を加えて「資本金等の額」とすることとされている（図表－4）。

6　上場株式の負担付贈与及び低額譲渡

(1)　負担付贈与と総則6項

　最後に上場株式の評価と総則6項の問題である。

　上場株式の価額は，その株式が上場されている証券取引所の公表する「課税時期の最終価格」又は「課税時期の属する月以前3か月間の毎日の最終価格の各月ごとの平均額（最終価格の月平均額）の

●図表－5　上場株式の価額

前々月の月平均	前月の月平均	課税時期の属する月平均	課税時期の最終価格
60円	75円	90円	100円

うち最も低い価額」によって評価する（評価通達169）。

　例えば，図表－5のようなケースにおいては，課税時期の最終価格100円よりも低額な最終価格の月平均額のうち最も低い価額60円が採用される。

　このような場合に，親（贈与者）が借入金によって100円で購入した上場株式を子（受贈者）に負担付きで贈与したとする。課税時期の最終価格又は3か月の最終価格の月平均額のうち最も低い価額が60円であったとき，平成2年改正前においては，子に対する贈与財産は，積極財産60円から消極財産100円（債務）を差し引いて計算することとされていた。

　したがって，子は，その差額40円の利益を無税で得ることができたのである。

　そこで，東京地裁平成7年7月20日判決〔税務訴訟資料213号202頁〕は，上場株式の評価に斟酌（最終価格の月平均額のうち最も低い価額）を採用せずに，最終価格のみをもって評価するとした事例である。

　判決は，評価通達を形式的，画一的に適用して評価するとすれば，こうした計画的な取引により，多額の財産の移転について贈与税の負担を免れる結果を招来させ，このような計画的な取引を行うことなく財産の移転を行った納税者との間での租税負担の公平はもちろん，目的とする財産の移転が必ずしも多額ではないために，このような方法をとった場合にも，証券取引に要する手数料等から，結果として贈与税負担の回避という効果を享受する余地のない納税者との間での租税負担の公平を著しく害し，また，相続税法の立法趣旨に反する著しく不相当な結果をもたらすこととなると述べている。

そして，本来的に上場株式の客観的な市場価格であることが明らかな証券取引所の公表する課税時期の最終価格による評価を行うことは合理性があると判示している。

(2)　低額譲渡と総則6項

　低額譲渡[*16]においても同様の問題が発生する。

　例えば，上場株式の価額が図表−5のようなケースにおいて，親が100円で購入したものを，子に60円で譲渡したとする。

　この場合，通達に基づいて評価を行うと株式の評価額は60円であり，売買価額と評価通達に基づく価額は同額であるため，平成2年改正前においては，低額譲渡に該当しないこととなる。その後，子は100で株式を売却し，60と100の差額の利益を得ることができる。

　そこで，東京地裁平成7年4月27日判決〔税務訴訟資料209号285頁〕においては，個人間の対価を伴う取引により上場株式を取得した場合に，評価上の斟酌をすべきか否かが争われた[*17]。

　原告は，平成2年6月26日に母から株式36万株を評価通達に基づいた評価額と同じ一株当たり997円（総額3億5,892万円）で買い受けている。これを東京証券取引所における最終価格のみで評価を行うと一株当たり1,620円（総額5億8,320万円）となる。

　判決は，このような取引について，評価通達を形式的，画一的に適用して財産の時価を評価すべきものとすれば，経済的合理性を無視した異常な取引により，多額の財産の移転につき贈与税の負担を免れるという結果を招来させることとなり，このような異常な取引を行うことなく財産の移転を行った納税者との間での租税負担の公平はもちろん，目的とする財産の移転が必ずしも多額ではないため

[*16]　財産の譲受者が，著しく低い価額の対価で財産の譲渡を受けた場合においては，対価と譲渡財産の時価との差額に相当する金額を譲渡者から贈与により取得したものとみなす（相法7）。

[*17]　同様の事例に東京地裁平成12年1月21日判決〔税務訴訟資料246号148頁〕がある。

に，このような方法をとった場合にも，証券取引に要する手数料等から，結果として贈与税負担の回避という効果を享受する余地のない納税者との間での租税負担の公平を著しく害し，また，相続税法7条の立法趣旨に反する著しく不相当な結果をもたらすこととなるというべきであるとして，最終価格のみをもって評価することとしている。

(3) その後の通達改正

負担付贈与又は個人間の対価を伴う取引により取得した上場株式の価額は，平成2年度改正において，課税時期の「最終価格」のみによって評価することとされている（図表-6）。

●図表-6 評価通達169の改正

改　正　前	平成2年改正
上場株式の価額は，その株式が上場されている証券取引所（略）の公表する課税時期の最終価格又は課税時期の属する月以前3か月間の毎日の最終価格の各月ごとの平均額（以下「最終価格の月平均額」という。）のうち最も低い価額によって評価する。	上場株式の評価は，次に掲げる区分に従い，それぞれ次に掲げるところによる。 (1) (2)に該当しない上場株式の価額は，その株式が上場されている証券取引所（略）の公表する課税時期の最終価格によって評価する。ただし，その最終価格が課税時期の属する月以前3か月間の毎日の最終価格の各月ごとの平均額（以下「最終価格の月平均額」という。）のうち最も低い価額を超える場合には，その最も低い価額によって評価する。 (2) <u>負担付贈与又は個人間の対価を伴う取引により取得した上場株式の価額は，その株式が上場されている証券取引所の公表する課税時期の最終価格によって評価する。</u>

7 本章のまとめ

　土地や株式の財産評価においては，通常用いられない形式を選択することによって，結果的に意図した経済的目的ないし経済的成果を実現しながら，相続税や贈与税の負担を減少させることが可能となる。

　このような租税回避に対して，冒頭の租税法律主義の考え方からすれば，国民の自由と財産を保護し，経済生活に法的安定性と予測可能性を担保するためには，新しい類型が生み出されるごとに迅速に個別の否認規定を設けて問題の解決を図るべきものと考えられる。

　現に，A社B社方式については法人税額等相当額を控除しないこと，低額な資本組入れによる配当還元方式については「資本金」を「資本金等」として計算すること，上場株式の負担付贈与・低額譲渡については3か月の評価上の斟酌をしないこととする通達改正によりその都度対応がされている。

　総資産価額に占める土地や株式の割合が高い会社の株式評価について，類似業種比準方式の適用を防止するため，平成2年に土地保有特定会社と株式保有特定会社の区分が創設された。

　前出のタワマン節税については，措置法改正により取得価額で評価することとしたり，通達の評価方法を改正することで対応がされている。

　また，通達による評価額とその財産の時価との乖離について，必ずしも総則6項の適用や通達改正による対応をするまでもなく評価が可能なケースもある。例えば，売買契約途中に売主が死亡した場合の土地の評価においては，「土地」ではなく「売買残代金債権」として債権価額で評価することが可能であった。買取価額が保障されている少数株式への配当還元方式の適否については，財産の種類を「買取請求権」という権利としてその買取価額で評価することも

検討の余地がある。

　ただし，現行の課税実務においては，法形式の濫用により租税負担を不当に回避し又は軽減することが企図される場合には，実質的に租税負担の公平の原則に反することになるため，総則6項の規定により包括的に否認して本来の実情に適合すべき法形式の行為に引き直し，その結果に基づいて課税するものとされている。

　つまり，目に余る租税回避が横行することに対して，個別の否認規定を創設するまでの間，包括的な否認規定として総則6項が機能しているというのが現状である。

第 4 章
地価の下落と総則 6 項

1 地価の下落と総則6項

(1) 総則6項の適用局面

第2章から第3章は課税庁側からの総則6項の適用例であった。納税者が租税回避を行うなど，通達に定められた画一的な評価方式によることで，かえって実質的な租税負担の公平を著しく害するような場合には，通達によらない評価を行うこととされた。

本章は，納税者有利の総則6項適用例である。ここでは，通達に定められた画一的な評価方式が客観的な時価を上回ってしまう場合には，法が予定する時価と見ることはできないことから，通達によらない評価を行うというものである。

つまり，通達による評価（路線価)は，時価（実勢価額)を上回ってはならないということである。

(2) 路線価と公示価格の関係

実務上，実勢時価に相当するものとして，公示価格及び基準地価格がある。

公示価格（地価公示）とは，土地の取引価格や不動産鑑定の指標とするため，国土交通省土地鑑定委員会が標準地を選定して，毎年1月1日時点の正常な価格を判定し公表するものである。令和5年では，日本全国の2万6,000地点で実施がされている。

また，基準地価格（都道府県地価調査）とは，国土利用計画法に基づき，都道府県知事が基準地を選定して，毎年7月1日時点の標準価格を判定し公表するものである。これも同様に2万1,381地点で実施がされている。

路線価の評価水準は，従来，実勢価額を超えないようにかなり低いものであったが，公示価格や基準地価格，相続税評価額，固定資

●図表−1　公示価格と路線価額の推移

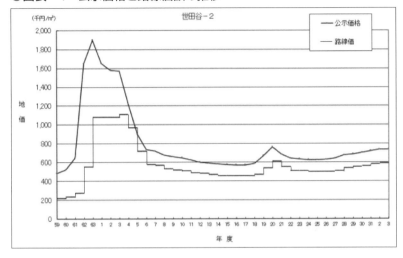

産税評価額といった公的評価の評価水準を一元化するため，平成4年度から路線価を公示価格の80％水準に引き上げることとされた[*1]。例えば，図表−1は，東京都のある住宅地の公示価格とその公示地が面する路線価の推移を表したものである[*2]。

　路線価の評価水準は公示価格と比べて低い水準にあったことから，昭和61年頃までは4割ほどであり，昭和62年のピーク時では3倍の開きがあった。平成4年からは一定して80％水準が保たれている。

(3)　逆転現象の発生

　土地の実勢価額は，いわゆるバブルの崩壊により平成元〜2年頃をピークに下落傾向にシフトした。しかし，路線価については平成

---

*1　政府税制調査会「平成4年度の税制改正に関する答申」（平成3年12月）。
　　なお，評価水準を8割としているのは，路線価は市街地的形態を形成する地域にある宅地について画一的評価を行うための基となる価額であって，評価の安全性を考慮して，時価を上回ることのないよう配慮されているものである。
*2　図表−1の公示地「世田谷−2」は，周囲の代表標準地に指定されており，かつ，（各公示地の場所（地番）はその都度変更されるものであるが）昭和59年から現在に至るまで同じ地番で公示がなされていることからここで参考としている。

4年まで上昇を続けるなど，約2年ほどの遅れが生じている。

また，路線価は，1年間を通じて適用されることから，実勢時価の急激な変動に対応できないという欠点がある。

そこで，理論上，（路線価が公示価格の8割水準とされていることから）1年間の地価下落率が20％を超えると，通達による評価（路線価）が法の予定する時価（実勢価額）を上回る"逆転現象"が生ずることになる。

図表－2のデータは，過去に年間下落率が20％を超える公示地が全国にどのくらいあったのかを示したものである。

最も地価の下落が大きかったのは平成5年公示価格であり，全国2万555地点のうち，1,945地点あった。

●図表－2　前年度比20%超の下落がみられる公示地数

	住宅地	商業地	準工業地	工業地	調整区域	合計	総公示地数
平成 3 年	0	0	0	0	0	0	16,892
平成 4 年	1,133	137	66	7	19	1,362	17,115
平成 5 年	1,232	617	81	8	7	1,945	20,555
平成 6 年	195	622	20	3	4	844	26,000
平成 7 年	51	565	16	0	0	632	30,000
平成 8 年	27	774	21	12	0	834	30,000
平成 9 年	6	227	0	1	0	234	30,300
平成10年	0	38	0	0	0	38	30,600
平成11年	0	160	1	0	3	164	30,800
平成12年	0	132	3	0	4	139	31,000
平成13年	5	70	7	0	6	88	31,000
平成14年	4	62	0	0	11	77	31,520
平成15年	6	24	0	3	12	45	31,866
平成16年	3	15	3	5	8	34	31,866
平成17年	4	4	0	0	15	23	31,230

（出典）　土地価格研究会『土地価格の推移と分析』ダイヤモンド社の各年版をもとに筆者作成

平成17年公示価格においても，前年度比20％を超える下落率がみられる地点は全国３万1,230地点のうち，23地点あった。

　このようにバブル経済の崩壊によるほぼ全国的にわたる顕著な地価の下落があり，路線価方式による評価額が相続税法に定める時価を上回るいわゆる逆転現象やそれに至らないまでもそのままの評価であることが著しく不適当となる事態が各地で発生していたのである。

(4)　路線価によらない申告の実績

　そこで，国税庁は，平成４年４月，各国税局に対し，「路線価に基づく評価額が時価を上回った場合の対応等について」と題する事務連絡を行った。

　そこでは，路線価を下回る価額での申告や更正の請求があったときは，路線価等に基づく評価額での申告等でなければ受け付けないということがないように，その申告額が相続税法上の「時価」として適切であるか否かについて適正な判断を行うこととされた。

　このような路線価によらない申告・更正の請求は，平成３年から平成10年までの間に4,267件の発生件数があり，そのうち課税庁によって処理された件数は約4,100件（約97％），容認された件数は約2,500件（60％程度）となっている（図表－３）[3]。

　なお，ここでの通達によらない評価の多くは，路線価を時点修正した時点修正方式によるものや不動産鑑定評価によるものであった。

＊３　当時「架空の価値になぜ課税──売れない土地の時価はいくらか。18日に公表された路線価は３年連続で大幅に下落。土地の“価格破壊”は相続税の負担軽減をもたらす半面，国税当局が路線価で画一的に決める課税価格と，納税者が主張する時価の大幅な乖離といった矛盾を浮き彫りにしている。国税庁によると，相続税の路線価によらない申告は，93年までの３年間で2600件を超えた。時価による相続税の減額請求のうち，納税者の主張が認められるのは約６割という。」（日本経済新聞平成７年８月18日夕刊）と報道されている。

路線価等に基づく評価額が「時価」を上回った場合の対応等について（事務連絡）

　先般，国土庁から公表された平成4年の地価公示価格によると地価下落の著しい地域も見受けられることから，年の途中で路線価等に基づく土地の評価額がその土地の「時価」（仲値レベルの価額）を上回った場合の対応として，下記に十分留意の上適切に対応するよう職員に周知徹底願いたい。

記

　土地の評価については，納税者の便宜及び課税の公平の観点から，なるべく簡易かつ的確に土地の評価額を算定することができるよう，その基準となる路線価等の土地評価基準を予め定めているところであり，実務的にも，路線価等に基づいて申告等が行われている。しかしながら，相続税法上，相続若しくは遺贈又は贈与により取得した財産の価額は，その財産を取得した時（課税時期）における「時価」によることとされているところであるから，相続税の申告に当たっては，絶対的に路線価等に基づいて申告をしなければならないというものではなく，路線価等に基づく評価額を下回る価額で申告された場合には，個々の事案について個別的に，課税時期における相続税法上の「時価」の解釈として，その申告が適切かどうかを判断すべきものである。

　そこで，路線価等に基づく評価額が，その土地の課税時期の「時価」を上回るおそれのある事案がある場合には，次により対処することとする。

　なお，平成4年分の路線価等の土地評価基準の作成に当たっては，例えば，地価動向がマイナスになっている地域については，下落分を織り込んで路線価等を評定するなど，地価動向を適切に反映した評価を行い，適正な評価を行っていることについて，国民の理解と信頼が得られるように努めることとしているのであるから留意する。

1．路線価等に基づく評価額が，その土地の課税時期の「時価」を上回ることについて，申告や更正の請求の相談などがあった場合には，相手方の申出に耳を傾ける等，路線価等に基づく評価額での申告等でなければ受け付けないなどということのないように留意すること。

　（注）　申告期において，土地の路線価等に基づく評価額がその土地の課税時期の「時価」を上回っていることがわからず，路線価等に基づいた評価額により申告を行い，事後的にそのような事実が判明した場合には「更正の請求」の対象となり得ることに留意する。

2．路線価等に基づく評価額を下回る価額で申告や更正の請求があった場合には，その申告額等が相続税法上の「時価」として適切であるか否かについて適正な判断を行うこと。

具体的には，①各種地価動向調査等による評定基準日以後の当該土地
　　周辺の地価動向を把握し，②例えば，当該土地が売却され，その売買価
　　額を根拠として申告等がなされた場合には，他の売買事例との比較（場
　　所的修正，時点修正等を行う。）から当該土地の売買が適正な価格での
　　取引といえるものかどうかを判断し，あるいは③精通者（不動産鑑定士
　　等）への意見聴取を行うなどして，当該土地の課税時期における「時
　　価」の把握を行うことになる。
３．２の判断に当たっては，次の点に留意すること。
　(1)　路線価等に基づく評価額が，その土地の課税時期の「時価」を上
　　回った場合に対応する必要があるのであって，例えばその土地の課税時
　　期の「時価」が，路線価を決定する際の評価割合のアローアンス（平
　　成３年分30％）の範囲内に留まっている場合（すなわち，その土地の
　　課税時期の「時価」が路線価を決定した際の仲値を下回っていても，
　　なお路線価を下回るものではない場合）には，その路線価等に基づく
　　評価額によるものであること。
　(2)　あくまでも課税時期（相続等の開始時期）の時価として判断するも
　　のであること。
　(3)　売買実例の参しゃくに当たっては，あくまでも「仲値」によること
　　（売り進みや買い進みによる部分を排除した売買価額を参しゃくする
　　こと）。

（出典）『税理士界』第1051号〔1992年〕383頁

●図表－3　路線価によらない申告等の発生・処理等の状況

<table>
<tr><th colspan="2">区分</th><th>平成3</th><th>平成4</th><th>平成5</th><th>平成6</th><th>平成7</th><th>平成8</th><th>平成9</th><th>平成10</th><th>計</th></tr>
<tr><th rowspan="3">発生件数</th><td>申告</td><td>92</td><td>791</td><td>436</td><td>232</td><td>251</td><td>232</td><td>218</td><td>242</td><td>2,494</td></tr>
<tr><td>更正の請求</td><td>247</td><td>851</td><td>266</td><td>111</td><td>106</td><td>69</td><td>65</td><td>58</td><td>1,773</td></tr>
<tr><td>①合計</td><td>339</td><td>1,642</td><td>702</td><td>343</td><td>357</td><td>301</td><td>283</td><td>300</td><td>4,267</td></tr>
<tr><td colspan="2">②処理件数</td><td colspan="9">約4,100件</td></tr>
<tr><td colspan="2">③容認件数</td><td colspan="9">約2,500件</td></tr>
<tr><td colspan="2">②／①処理割合</td><td colspan="9">約97％</td></tr>
<tr><td colspan="2">③／②容認割合</td><td colspan="9">約60％</td></tr>
</table>

（出典）『速報税理』ぎょうせい，19巻24号（2000年）5〜7頁

2 路線価の時点修正

(1) 時点修正方式とは

　路線価の時点修正とは，以下の算式のとおり，路線価に近隣公示地の当年の価格と翌年の価格の変動から課税時期における時点修正を行って得られた価額を修正単価とし，その修正単価を路線価方式に代入する方法である。

（算式）

修正単価＝当年の路線価÷0.8－（当年の公示価格－翌年の公示価格）

$$\times \frac{\text{当年1月1日から課税時期までの経過日数}}{\text{365日}}$$

　路線価の評価時点以降において地価が大幅に下落し，路線価を基に評価した価額が，その土地の課税時期の時価を上回ることになるなどの特別の事情がある場合には，通達の定める路線価方式について一定の修正を施す必要性があるものと解されている。

　なお，路線価は時価の8割水準とされていることから，修正単価を求めるにあたっては，評価対象地が面する路線価を0.8で割り戻すこととされている。

(2) 時点修正が採用された事例

　時点修正方式が採用された事例として，東京高裁平成11年8月30日判決〔税務訴訟資料244号400頁〕がある[4]。

　本件は，平成4年12月21日に開始した相続による土地の評価に関して，通達を適用して求めた価額が高額に過ぎることとなるため，

---

[4] 第一審東京地裁平成9年9月30日判決〔税務訴訟資料228号829頁〕，控訴審東京高裁平成11年8月30日判決〔税務訴訟資料244号400頁〕

●図表－4　近隣公示地の前年比の平均下落率

近隣公示地	平成4年公示価格	平成5年公示価格	前年比
公示地A	1,010,000	765,000	75.74%
公示地B	1,030,000	745,000	72.33%
公示地C	1,170,000	850,000	72.65%
公示地D	1,130,000	850,000	75.22%
公示地E	1,690,000	1,210,000	71.60%
公示地F	1,120,000	820,000	73.21%
公示地G	1,270,000	937,000	73.78%

通達によることなく評価をすべき場合に該当し，相続開始日における客観的交換価値としての時価を求めるために時点修正によるものとされた事案である。

　本件土地の近隣公示地の平成4年と平成5年の公示価格は図表－4のとおりである。

　本件土地の評価について，被告（税務署長）は，本件土地の面する平成4年度の路線価を0.8で除して得られた価格を平成4年1月1日時点の価格とし，同日から相続開始日である同年12月21日までの時点修正を施す方式により単価を求め（以下「修正単価」という），右修正単価を路線価方式における路線価に代入して，本件土地の価格を求めた。

　なお，時点修正率は，近隣公示価格の同年1㎡当たり103万円と平成5年公示価格1㎡当たり74万5,000円の地価下落率0.277より0.723と算出している。

　判決においても，路線価方式に基づいて算定された本件土地の評価額が客観的時価を上回っている可能性がある場合，その原因としては，平成4年1月1日時点に比べて，同年12月21日時点までの下落率が，公示価格を基準とした約2割の減価率を超えたことによることが考えられ，そうだとすれば，同年1月1日時点の単価を求め，それを時点修正して同年12月21日時点の修正単価を算定した上で，

路線価方式における路線価に右修正単価を代入するという被告の評価方式の基本的考え方自体は合理性を有するものと判示されている。

　また，被告は，路線価を0.8で割り戻して修正単価を求めているのに対し，原告は，割戻しをせずに，修正路線価を求めているが，いずれの評価方式も路線価方式の修正であって，本件土地自体の客観的時価を評定するものではないから，原告評価額が被告評価額を下回ることは，被告評価額が客観的時価を超えることを論証するものではないと述べられている。

(3)　時点修正が採用されなかった事例

　一方，時点修正方式が採用されなかった事例として，東京高裁平成10年7月29日判決〔税務訴訟資料237号928頁〕がある[*5]。

　本件は，平成4年12月9日に開始した相続による土地の評価に関して，路線価をもとにした評価額が課税時期の時価を超えるものということができず，通達による評価を修正すべき特別の事情はないものとされた事案である。

　本件土地が面する各路線に付された平成4年分及び平成5年分の路線価は，図表－5のとおりである。

　原告は，平成5年分の路線価が平成4年分の路線価よりも下落しているため，平成4年分の路線価につき時点修正をして求めた路線価をもとに土地の時価を求めるべきであると主張した。

●図表－5　路線価の当年と翌年の比較

	正面路線価	側方路線価（北側）	側方路線価（南側）	裏面路線価
平成4年分	834万円	571万円	642万円	542万円
平成5年分	650万円	462万円	505万円	399万円
前年比	77.9%	80.9%	78.6%	73.6%

＊5　第一審東京地裁平成10年2月24日判決〔税務訴訟資料230号692頁〕，控訴審東京高裁平成10年7月29日判決〔税務訴訟資料237号928頁〕

これに対し，判決は，各路線価の価格時点から課税時期までの地価の下落率が図表－５のとおりであるとしても，路線価そのものが相続税法にいう時価の価格水準を示すものでなく，各路線価を基にして評価した本件土地の価額が相続開始時点の時価を超えるものとまではいうことができず，他に本件において被告がした評価を修正すべき特別の事情のあることを認めるに足りる証拠はないと判示している。

(4)　時点修正方式の採否

　前述の２つの高裁判決の違いは，時点修正方式が採用された事例は近隣の「公示価格」が20％を超える下落があったことに対し，時点修正方式が採用されなかった事例は「路線価」の下落が争点となっていることである。

　そこでは，路線価そのものが相続税法にいう時価ではないことから，単に翌年の路線価が大きく下落しているとか，路線価による評価額では売買されないなどという理由だけでは時価を超えている立証をしたことにならない。時点修正方式を適用するためには，近隣の公示価格が年間２割を超える下落があるなど，他の証拠により，路線価をもとにして評価することが課税時期における時価を超える特別の事情があることを立証しなければならないことになる。

3　不動産鑑定の活用

(1)　財産評価基本通達と不動産鑑定

　地価の下落期，路線価の時点修正方式と並んで活用されたのが不動産鑑定である（前述の時点修正は地価の大きな下落が見られない場合には適用されないが，不動産鑑定は現在においても活用されている。）。

不動産鑑定は，専門家たる不動産鑑定士の意見表明であり，個別性の強い不動産の適正な価格を，法の根拠の下で表明し得る唯一のものである。

　そこで求められる価格は，市場性を有する不動産について，現実の社会経済情勢の下で合理的と考えられる条件を満たす市場で形成されるであろう市場価値を表示する適正な価格（正常価格）であり*6，基本的には相続税法にいう時価，すなわち財産の取得の時における客観的な交換価値と同義のものと考えられる。

(2)　財産評価基本通達と不動産鑑定の相違点

　そのように財産評価基本通達と不動産鑑定において求める価格は同義のものであるが，その評価方法については両者に違いがある。

　財産評価基本通達における路線価方式は，下記の算式のとおり，１画地ごとの宅地の価額を，その宅地の面する路線価に奥行価格補正，間口狭小補正，不整形地補正など，あらかじめ定められた画地補正率を乗じて評価する。

（算式）

　路線価×画地補正率×地積＝評価額

　これに対し，不動産鑑定は，取引事例比較法，収益還元法，原価法の３つを比較衡量して価額を算出する（図表－6）。

　例えば，取引事例比較法により求められた「比準価格」と収益還元法により求められた「収益価格」を6対4とか7対3などと関連付けて決定する。再調達原価が把握できる場合には，原価法により求められた「積算価格」をも関連づける。

　なお，公示地の所在する地域の鑑定評価額を求める場合には，公示価格から導かれる規準価格を求め，公示価格と鑑定評価額との均

---

*6　不動産鑑定評価基準第5章第3節。そのほか，鑑定評価の依頼目的に対応した条件により，限定価格，特定価格，特殊価格がある。

●図表－6　鑑定評価額の算出

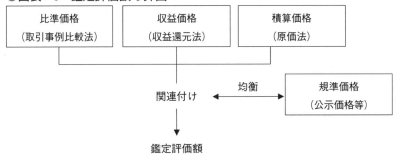

衡の検討を行わなければならない。

(3)　鑑定評価の方法

① 取引事例比較法

　取引事例比較法は，近隣の取引事例を収集し，その取引価格に必要に応じて事情補正や時点修正，地域要因の比較，個別的要因の比較を行って対象不動産の価格を求める方法である。

　その際の事情補正では，その取引事例が売り急ぎや買い進み等の特殊な事情を含んでいる場合には適切な補正を行う。時点修正では，取引事例の時点が価格時点と異なることにより価格水準の変動があると認められるときは価格時点の価格に修正する。

　また，地域要因の比較とは，近隣地域と当該事例に係る不動産の存する地域との地域要因の比較を行うことをいい（その項目の一例として図表－7），個別的要因の比較とは，対象不動産と当該事例に係る不動産との位置や形状などの個別的要因の比較を行うことをいう（その項目の一例として図表－8）[*7]。

＊7　不動産鑑定評価基準においては，財産評価基本通達のようなあらかじめ定められた補正率はないが，都道府県職員による国土利用計画法の適正な施行を図るため，国土交通省監修のもとに『土地価格比準表』（地価調査研究会編著）が作成されており，地域要因及び個別的要因の把握及び比較についての標準的な格差率が示されている。

●図表－7　地域要因の例

条　件	項　目
街路条件	街路の幅員，舗装，系統及び連続性等
交通・接近条件	都心との距離，最寄駅や最寄商店街への接近性，学校・公園・病院等の配置状態等
環境条件	日照・温度・湿度・風向等の気象の状態，眺望・景観等の自然的環境の良否，近隣関係の社会的環境の良否，上下水道・ガス等の供給処理施設の状態，騒音・大気汚染等の公害発生の程度，洪水・崖崩れ等の危険性
行政的条件	用途地域など公法上の規制の程度

●図表－8　個別的要因の例

条　件	項　目
街路条件	接面街路の幅員，舗装，系統及び連続性等
交通・接近条件	最寄駅や最寄商店街への接近性，学校・公園・病院等への接近性
環境条件	日照・温度・湿度・風向等の気象の状態，隣接地の利用状況，上下水道・ガス等の供給処理施設の状態，変電所・汚水処理場等との接近性
画地条件	地積，間口・奥行，角地，不整形，無道路，高低，崖地，高圧線等
行政的条件	用途地域など公法上の規制の程度

●図表－9　取引事例の収集

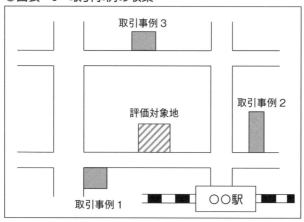

図表－9のようなケースにおいては，まず，近隣地域の取引事例
を収集し，それぞれの土地の事情に即した補正をして標準的な価格
を求める（図表－10）。

　例えば，取引事例1は，売り急ぎによる事情補正マイナス5％，
角地のためプラス5％（画地条件），道路が広くプラス11％（街路
条件）などの補正を行う。

　また，取引事例2は，奥行長大であるためマイナス4％（画地条

●図表－10　取引事例比較法のイメージ

項　　　目	取引事例1	取引事例2	取引事例3
1㎡当たりの取引価格	120,000円	110,000円	95,000円
事情補正	100/95	100/100	100/100
時点修正	100/100	100/100	100/100
標準化補正	100/116.55 （内訳） 街路条件　　　　1.11 交通接近条件　1.00 環境条件　　　　1.00 画地条件　　　　1.05 行政的条件　　1.00	100/102.72 （内訳） 街路条件　　　　1.07 交通接近条件　1.00 環境条件　　　　1.00 画地条件　　　　0.96 行政的条件　　1.00	100/100 （内訳） 街路条件　　　　1.00 交通接近条件　1.00 環境条件　　　　1.00 画地条件　　　　1.00 行政的条件　　1.00
地域格差補正	100/100 （内訳） 街路条件　　　　1.00 交通接近条件　1.00 環境条件　　　　1.00 行政的条件　　1.00	100/100 （内訳） 街路条件　　　　1.00 交通接近条件　1.00 環境条件　　　　1.00 行政的条件　　1.00	100/95 （内訳） 街路条件　　　　1.00 交通接近条件　0.95 環境条件　　　　1.00 行政的条件　　1.00
標準価格	108,378円	107,087円	100,000円
	105,155円		
個別的要因の格差補正	95/100 （内訳） 　　街路条件　　　　1.00 　　交通接近条件　1.00 　　環境条件　　　　1.00 　　画地条件　　　　0.95 　　行政的条件　　1.00		
比準価格	99,897円		

件），取引事例３は，最寄駅から少し遠いためマイナス５％（交通接近条件）とするなど，様々な要因を考慮して地域の標準的な価格（105,155円／㎡）を算出する。

そして，その標準的な価格と評価対象地の格差補正を行う。ここでは，評価対象地が地積過大であることからマイナス５％（画地条件）を行って評価対象地の比準価格（99,897円／㎡）を求める。

② 収益還元法

収益還元法は，対象不動産が将来生みだすであろうと期待される純収益の現在価値の総和を求めることにより対象不動産の収益価格を求める方法である。

その方法には，直接還元法と，DCF法（Discounted Cash Flow法）がある。

直接還元法は，一期間の純収益を還元利回りによって還元する方法であり，次の算式によって表される[8]。

（算式）

不動産の収益価格 ＝ 一期間の純収益 ÷ 還元利回り

これは，銀行預金において，元金1,000万円，利率１％のとき利息は10万円となるが，これを利息（収益）と利率（還元利回り）から逆算して元金（土地）を算出するというイメージである。

また，DCF法は，連続する複数の期間に発生する純収益及び復帰価格（将来の売却価格）を，その発生時期に応じて現在価値に割り引き，それぞれを合計する方法であり，次の算式によって表される。

＊8　例えば，１年間の純収益が1,000万円，還元利回りが５％である場合，収益価格は２億円（1,000万円÷５％）となる。６％のときは１億6,666万円であるため，利回りが低くなるほど土地の価格は高くなる。

（算式）

$$P = \sum_{k=1}^{n} \frac{a_k}{(1 + Y)^k} + \frac{P_R}{(1 + Y)^n}$$

P ：不動産の収益価格

a_k ：毎期の純収益

Y ：割引率

n ：保有期間

P_R ：復帰価格

   復帰価格とは，保有期間の満了時点における対象

$$P_R = \frac{a_{n+1}}{R_n}$$

不動産の価格をいい，基本的には次の式により表
される。

a_{n+1}：n＋1期の純収益

R_n ：保有期間の満了時点における還元利回り

   （最終還元利回り）

　つまり，毎期の純収益の現在価値の合計と将来の売却価格である
復帰価格の現在価値を足したものということになる。

　なお，収益還元法における「純収益」は，対象不動産からの総収
益と総費用を把握し，過去の推移及び将来の動向を分析して適切に
求めることとされている。

　また，「還元利回り」は，一期間の純収益から対象不動産の価格
を直接求める際に使用される率であり，将来の収益に影響を与える
要因の変動予測と予測に伴う不確実性を含むものとなる。

　「割引率」は，DCF法において，ある将来時点の収益を現在時
点の価値に割り戻す際に使用される率であり，還元利回りに含まれ
る変動予測と予測に伴う不確実性のうち，収益見通しにおいて考慮
された連続する複数の期間に発生する純収益や復帰価格の変動予測

に係るものを除くものである。

いずれにおいても，直接還元法を適用するか，DCF法を適用するかについては，収集可能な資料の範囲，対象不動産の類型及び依頼目的に即して選択するものとされている。

(4)　不動産鑑定と税務評価

さて，このように不動産鑑定は，個別性の強い土地を不動産鑑定士の資料収集と分析により貨幣額に表示しようとするものであり，主観的な判断及び資料の選択過程が介在することになる。

例えば，取引事例比較法においては，取引事例や各種格差補正の選択，収益還元法においては，還元率や割引率，不動産の収益額等など，評価方式や基礎資料の選択の仕方等によって評価額に格差が生じることになる。

一方，課税上，財産評価基本通達は，納税者間の公平，納税者の便宜，徴税費用の節減という見地から，その評価方式に主観的な判断が排除され，誰が評価を行っても結果が同じとなるような画一的な評価が重視されている。

そこで，次章より，そのような画一性が求められる税務の財産評価において，通達による評価額を下回る不動産鑑定評価がある場合に，個別の不動産鑑定が採用された事例，採用されなかった事例を確認し，その採否のポイントを探っていきたい。

第5章
不動産鑑定評価の採否

相続税及び贈与税の土地評価において，通達によらない評価方法の１つとして不動産鑑定がある。ただし，鑑定は採用される場合とされない場合がある。本章では，鑑定評価が採用されなかった事例を検討し，なぜ，どのような理由により採用されなかったのかを確認しておきたい。

1　財産評価と鑑定

(1)　鑑定の意義

　相続税や贈与税における土地の評価は，納税者間の公平，納税者及び課税庁の便宜，徴税費用の節減などの見地からみてあらかじめ定められた評価基準（評価通達）により画一的に評価するのが合理的であるとされている。

　しかし，その通達に定める画一的な評価基準を適用することによって，財産の適正な評価を行うことができず，時価を超える評価額となってしまう場合には，不動産鑑定士による鑑定評価など他の合理的な評価方法によることが相当と解されている。このことは，総則６項が，「この通達の定めによって評価することが著しく不適当と認められる財産の価額は，国税庁長官の指示を受けて評価する。」と定め，例外的に通達に定める以外の方法をとり得るものとしていることからも明らかと解されている*1。

　ただし，納税者が鑑定評価に基づいて財産の時価を算出した場合，仮にその鑑定評価による評価方法が一般に是認できるもので，財産の客観的な交換価値として評価し得るものであったとしても，その算出された価格が通達の定める評価方法による評価額を下回っているだけでは，通達の定める評価方法が当然に時価を超えるものとし

＊１　岡山地裁平成14年８月21日判決〔税務訴訟資料252号順号9175〕，東京地裁平成28年７月15日判決〔税務訴訟資料266号順号12882〕参照

て違法になるとはいえないと解されている。

　なぜなら，鑑定評価は，不動産鑑定士の主観的な判断及び資料の選択過程が介在することを免れないものであり，それが公正妥当な不動産鑑定理論に従っているとしても，鑑定人が異なれば，異なる評価額が出てくる可能性があると考えられているからである[*2]。実際，財産評価の争訟においては，当事者の一方又は双方から鑑定が提出され，鑑定同士の争いとなる場合があり，それぞれが全く異なる結論であることが珍しくない。

　したがって，納税者は，通達による評価額が，鑑定評価に比べて高額であると述べるだけでなく，通達を正しく適用したとしても評価対象地を適切に評価することができないことを基礎付ける事情を具体的に主張立証しなければならない。

(2)　鑑定の採否

　納税者が不動産鑑定評価による申告又は更正の請求を行った場合，どのようなケースで認められ，どのような結論が待っているのであろうか。

　実務上，納税者は，通達に基づいて算出した評価額を下回る鑑定評価があることから，通達による評価が時価を超えていることを主張する。

　一方，課税庁は，通達に基づいて算出した評価額を上回る別の鑑定評価の存在により，納税者による鑑定評価の不合理性を指摘し，通達による評価が適正であることを主張する[*3]。

＊2　名古屋地裁平成16年8月30日判決〔税務訴訟資料254号順号9728〕被告の主張。路線価の時点修正や不動産鑑定といった通達によらない申告・更正の請求は，平成3年から平成10年まで間で容認された割合は6割程度であり，4割は採用されていない。

＊3　納税者が通達による評価が時価を超えていると判断した場合，例えば，土地の評価を不動産鑑定評価に基づいて申告又は更正の請求を行う。課税庁もそれに合理性があると判断すればそのまま容認となる。しかし，課税庁がその不動産鑑定による申告又は更正の請求に合理性がないと判断した場合，不動産鑑定評価書は否認ということとなり，審査請求や訴訟に至る。

そのようなケースにおいては，納税者は，納税者鑑定によって，通達による評価方法及び課税庁鑑定の不合理性を立証しなければならない。

なお，訴訟に至ると，裁判官は，その鑑定評価に拘束されるものではなく，他の証拠資料とあわせて自由にその採否を決定する。鑑定結果を判断の資料とし，①鑑定評価書を採用する，②排斥する，③両当事者双方の鑑定評価書を採用する，④裁判所が鑑定を依頼する，⑤裁判官が鑑定結果を部分的に採用して独自に結論を導くことができる。

そこでは，イチかゼロか（提出された鑑定が採用されるか採用されないか）だけではない。裁判例・裁決例においては，当事者双方の鑑定を併用したり，新たに裁判所や国税不服審判所が鑑定をしたり，鑑定が修正されて採用されたりするケースも考えられる。

例えば，鑑定評価の採否が争われた場合，

(イ) 納税者鑑定を採用する

(ロ) 納税者鑑定を排斥し，課税庁鑑定を採用する

(ハ) 納税者鑑定及び課税庁鑑定を排斥し，裁判所（審判所）が鑑定を依頼する

(ニ) 納税者鑑定と課税庁鑑定の双方を採用する

(ホ) 裁判所（審判所）が鑑定を修正して結論を求める

(ヘ) 裁判所（審判所）が独自に時価を算出する

(ト) 納税者鑑定を排斥し，通達に基づく評価方法を適正とする

などが考えられる。

2 鑑定評価が不採用となった要因

(1) 税務における鑑定評価の論点

さて，前述の(ロ)，(ハ)，(ト)においては，納税者による鑑定が採用さ

れていない。それはなぜであろうか。

　税務上，不動産鑑定では，不動産鑑定士の主観的な判断及び資料の選択過程が介在することを免れないものであり，鑑定人が異なれば，異なる評価額が出てくる可能性があると考えられている。そこで，それら主観的な判断及び資料の選択過程が適正に行われているかという点が問われる。

　例えば，取引事例比較法は，近隣の取引事例を収集し，その取引価格に必要に応じて事情補正や時点修正，地域要因比較，個別的要因比較の補正をして比準価格を求めるが，その選択された取引事例は適正か，各種の補正は適正かなどという点である。

　また，収益還元法も，純収益を還元利回りによって還元するなどして収益価格を求めるが，還元利回りは適正か，純収益の算定方法は適正かなどという点である。

　以下，裁判例・裁決例において鑑定が採用されない理由となった個別のポイントについて確認しておきたい*4。

(2)　取引事例比較法，公示価格規準法

　不動産鑑定では，主として取引事例比較法と収益還元法を関連付け，公示価格等との均衡を検討して評価額を決定する。

　第一に，取引事例比較法及び公示価格規準法である。そこでは，評価対象地の近隣の取引事例や公示価格（以下，あわせて「取引事例等」という。）を収集し，それらの価格に必要に応じて事情補正や時点修正，地域要因の比較，個別的要因の比較を行って対象不動産の価格を算出する。

① 　取引事例等は近隣地域から選択しているか

＊4　ここでは紙面の都合上一部の論点を挙げている。不動産鑑定は極めて専門性の高い分野であるため，個別の論点を税理士及び税務署職員が判断することは難しいと考えられるが，本書では，納税者が鑑定を用いて時価を主張した場合に必ずしもそれが採用されないこと，どのような点が争われるのかということを確認しておきたい。

まず，取引事例等は近隣地域から選択しているかという点である。

　取引事例等の選択は，近隣地域又は同一需給圏内の類似地域もしくは必要やむを得ない場合には近隣の周辺の地域に存する不動産から行わなければならない。そこで，近隣地域に取引事例等が存するにもかかわらず，遠方の取引事例を採用している場合には，取引事例の選択の適否が問われる[*5]。

　例えば，水戸地裁平成12年2月15日判決〔税務訴訟資料246号645頁〕において，納税者（原告）が依頼した鑑定（以下「原告鑑定」という。）は，評価対象地と同一需給圏内の類似地域に所在する4件の取引事例を比較し，地域的特性が比較的類似しているとして取引事例Aを重視している。しかし，取引事例Bが評価対象地に最も近接しているにもかかわらずこれを重視せず，取引事例Aを重視していることにつき，より商業的であり地域的特性が比較的類似していると述べるだけで，それ以上の合理的理由を示していない。したがって，判決においては，原告鑑定により算定された価格が合理性を有するということはできないとされている。

　また，神戸地裁平成10年3月18日判決〔税務訴訟資料231号32頁〕における評価対象地は，A駅から約600mの距離で徒歩で通うことも可能であり，標高約30mの平地に位置している。課税庁（被告）が依頼した鑑定（以下「被告鑑定」という。）が規準すべき公示地として採用した公示地Bは，評価対象地と約250mしか離れてないうえ，A駅から約250mの標高約30mの平地に位置し，A駅からの接近状況，標高等において評価対象地と類似している。これに対し，原告鑑定が採用した公示地Cは，評価対象地と約1,000mも離れた場所に位置するうえ，B駅から約1,200m余りも離れていて徒歩で通うことは不可能であり，同駅からの交通機関としてバス等もないうえ，勾配のある坂を上った標高約110mの高台に位置する。した

＊5　取引事例等の数が少ない宅地見込地や市街化調整区域内の山林等においては，遠方の取引事例等を採用せざるを得ない場合もある。

がって，判決においては，被告鑑定が選択した公示地の方が規準地
として相当であるとされている。

② 取引事例等の行政的条件は類似しているか

選択した取引事例等の都市計画法上の用途地域や容積率といった
行政的条件は，評価対象地と同一又は類似しているかという点であ
る。

例えば，神戸地裁平成10年3月18日判決〔税務訴訟資料231号32
頁〕においては，被告鑑定が採用した取引事例4件はいずれも評価
対象地と同じA市に位置するうえ，いずれも第1種住居専用地域に
属している。一方，原告鑑定が採用した取引事例3件のうち2件は
評価対象地と行政区の異なるB市に存在し，1件は第2種住居専
用地域に属している。したがって，原告鑑定が採用した取引事例3
件のうち2件は行政区を異にし，1件は行政的条件まで異にしてい
るから，評価対象地との類似性が認められないとされている。

また，平成9年2月6日裁決〔裁決事例集53巻400頁〕において
も，評価対象地の用途地域が近隣商業地域であるのに対し，納税者
（審査請求人）が依頼した鑑定（以下「請求人鑑定」という。）が選
択した取引事例及び公示地は住居地域であり，用途地域を異にする
ことから不適切なものと認められている。

③ 事情補正は適正に行われているか

事情補正は，その取引事例等が売り急ぎや買い進み等の特殊な事
情を含んでいる場合に，価格を標準化する補正をいう。

土地取引に特殊な事情があっても，その内容は不明なことが多い
ことから事情補正を行う必要があると認められる取引事例は極力採
用しない傾向にあるが*6，やむを得ず採用する場合にはその事情補
正が適正に行われているのかという点が問われる。

例えば，平成28年10月20日裁決〔TAINS・F0－3－503〕におい

＊6 東京国税局「資産税審理研修資料（平成23年8月）」〔TAINS・評価事例
708250〕

ては，請求人鑑定が採用した４つの取引事例のうち，取引事例Ａは，ある法人の取締役が，その法人の債務に係る保証債務を履行する目的で，その妻に対し土地を売却したものであること，取引事例Ｂは，代表者を同じくする法人間の売買取引であり，売却後も譲渡者である法人が引き続き工場の用に供していることが認められ，これらの取引事情が正常なものとはいえず，取引事例の選択が適切ではないとされている。

　また，平成９年２月６日裁決〔裁決事例集53巻400頁〕においては，請求人鑑定が採用した取引事例の譲受人が従前から当該土地を使用していた借地権者であることから，いわゆる底地部分の売買であり，評価対象地の取引事例としては不適切なものとされている。

　一方，取引事例としてやむを得ず採用するのであれば，適正に事情補正をしなければならない。例えば，東京地裁平成30年３月13日判決〔税務訴訟資料268号順号13131〕において，原告鑑定が選択した取引事例Ａは，競売に係る取引事例であること，取引事例Ｂは，売り急ぎに係る取引事例であることが認められ，取引事例としてやむを得ず採用する場合には取引価格の補正を要するところ，その補正がされておらず，またそれについて合理的な説明もされていないとされている。

④　標準化補正及び個別的要因の比較は適正か

　取引事例比較法では，まず，近隣地域の取引事例を収集し，それぞれの事情に即した補正（標準化補正）をして地域の標準価格を求める。そして，その標準価格と評価対象地の格差補正（個別的要因の格差補正）をして比準価格を求める[7]。

　そこで，標準化補正及び個別的要因の格差補正に合理性はあるかという点である。

＊７　東京国税局・前掲＊６においては，格差修正率が150％程度を超えるもの，または，65％程度を下回るものは，標準的画地と比較して個別性の強い土地といえるが，この修正率の合理的な算定根拠を示さずに査定している場合には，評価通達に定める画地調整率及び土地価格比準表により検証することとされている。

例えば，平成９年２月６日裁決〔裁決事例集53巻400頁〕におい
て，請求人鑑定が選択した取引事例の土地（幅員３ｍの市道に面
し，間口約５ｍ，奥行約11ｍ）は，その近隣地域における標準画地
（間口８ｍ，奥行12.5ｍ）に比較して地積がやや小さく，間口が狭
小であることから，画地条件について標準化補正を要するにもかか
わらずその補正がされていないことが指摘されている。同じく，取
引事例の土地は，再建築の際に後退を要するセットバック（建基法
42②）があるにもかかわらず，その補正がされていないことが指摘
されている。

　また，東京地裁平成12年２月16日判決〔税務訴訟資料246号679
頁〕において，原告鑑定は，評価対象地の個別的要因として，地積
過大による20％の減価を行っているが，国土交通省監修の土地価格
比準表によれば，地積大による減価は最大でも10％とされており，
これよりさらに10％の減価をすることが合理的であるという証拠は
存しないとされている。

　平成28年10月４日裁決〔TAINS・Ｆ０－３－502〕において，市
街化調整区域に存する評価対象地に違法建築物２棟が建っており再
建築不可であることから，原告鑑定は個別的要因の格差として
50.1％減額する補正をしているが，当該違法建築物を取り壊した後，
条例に該当する開発であれば，建築物を建築することが可能である
ことから，再建築不可等を理由として更に50.1％もの減額をする補
正は合理性に疑問があるとされている。

　そのほか，原告鑑定が，地域の標準的な画地規模を300㎡としな
がら，地積300㎡の取引事例の標準化補正にあたり，５ポイントの
補正をしていることは不合理であるという事例もある。

⑤　地域格差補正は適正か

　地域格差補正とは，近隣地域とその取引事例等に係る地域要因[*8]

─────────────

*8　住宅地域の地域要因の主なものを例示すれば，⑴日照，温度，湿度，風向等の
　気象の状態，⑵街路の幅員，構造等の状態，⑶都心との距離及び交通施設の状態，

の比較を行うことをいう*9。

　例えば，水戸地裁平成12年2月15日判決〔税務訴訟資料246号645頁〕において，原告鑑定が採用した公示地Ａは評価対象地に近接しているにもかかわらず，後背地の範囲，後背地の人口，顧客の購買力等を理由に，140分の100の地域格差を考慮しており，その合理的な理由を認めることはできないとされている。

　また，平成27年8月4日裁決〔TAINS・F0－3－442〕において，請求人鑑定は，取引事例地について「河川の危険性」に基づく格差率（プラス5％）を査定しているが，評価対象地と取引事例地は，いずれも堤防と堤内で隣接していることが認められ，両土地間に「河川の危険性」に基づく格差はないものといえ，格差率（プラス5％）を査定することには理由がないとされている。

　神戸地裁平成10年3月18日判決〔税務訴訟資料231号32頁〕においては，評価対象地及び取引事例地に以下のような地域要因（最寄駅，商業施設，公共施設への接近状況及び環境条件）が認められる。

(イ)　評価対象地は，最寄駅及び同駅周辺のマーケットを中心とする商業施設から約600m，小学校及び診療所から約250m離れた場所に位置していることに対し，取引事例は，最寄駅及び前記商業施設から約900m，小学校及び診療所から約600m離れた場所に位置している。

(ロ)　評価対象地は，社宅，寮，邸宅等が多く見られる地域に位置し，

---

(4)商業施設の配置の状態，(5)上下水道，ガス等の供給・処理施設の状態，(6)情報通信基盤の整備の状態，(7)公共施設，公益的施設等の配置の状態，(8)汚水処理場等の嫌悪施設等の有無，(9)洪水，地すべり等の災害の発生の危険性，(10)騒音，大気の汚染，土壌汚染等の公害の発生の程度，(11)各画地の面積，配置及び利用の状態，(12)住宅，生垣，街路修景等の街並みの状態，(13)眺望，景観等の自然的環境の良否，(14)土地利用に関する計画及び規制の状態などである。
＊9　東京国税局・前掲＊6においては，地域要因格差が70％～130％程度の範囲内の取引事例を採用するのが一般的であり，修正率が150％程度を超えるもの，又は，65％程度を下回るものは，類似地域に存する取引事例に該当するかどうか検証を要し，具体的には相続税路線価や固定資産税路線価の格差割合，土地価格比準表を参考にすることとされている。

街並みも整然として良好であるうえ，東側において池に面していることから景観，日照，通風に優れているが，湿気が多いという難点があることに対し，取引事例は，ミニ開発地域に位置する細かく区画された土地であり，行き止まりの道路が多く街並みが不整然であるうえ，その土地上には低層長屋風の建物が建築されている。

(ハ) 取引事例地は，谷間に位置するため日照が悪く，土地が盛土であることから地盤が軟弱である。

　判決では，そのような地域要因について，被告鑑定が接近条件マイナス10％，環境条件マイナス14％と評価していることに対し，原告鑑定は，接近条件マイナス6％，環境条件プラス4％，地域要因全体としてもマイナス4％に過ぎないとしていることに合理性は認められないとされている。

　平成28年10月17日裁決〔TAINS・F0－3－538〕における請求人鑑定は，評価対象地と公示地との地域要因の比較において，地域要因「環境条件」に合計80ポイント（「居住環境10」，「施設接近性2」，「周辺の土地の利用状況30」，「画地の配置，街路の整然性，自然的条件等30」，「地域として名声・品等高その他8」）の減価補正を施している。

　しかし，評価対象地と公示地は，その街路の状況，幹線道路への連続性，最寄り駅との距離，公法上の規制，公共施設等への接近の状況その他の宅地の利用上の便からみて，価格事情が大きく異なる地域に属しているものとは認め難く，「周辺の土地の利用状況」，「画地の配置，街路の整然性，自然的条件等」として，それぞれ30ポイントもの大幅な差を設けることの合理性は見出せず，また，公示地の地域に農地等が存していることや，同地域が第一種住居地域に指定されていることなどに照らすと，公示地の周辺が，住宅地として特に名声の高い地域であるとはうかがわれず，両土地の地域に「地域としての名声・品等高その他」として8ポイントの差を設け

ることの合理性も見出せないと指摘されている。

(3)　収益還元法

　第二に，収益還元法である。収益還元法は，対象不動産が将来生み出すであろうと期待される純収益を還元利回りや割引率を用いて現在価値の総和を求めることにより対象不動産の価格を算出する方法である。

　そこで，税務上，収益還元法の算出過程において，(イ)還元利回り及び割引率は適正か，(ロ)純収益の算定方法は適正か，(ハ)収益を算定するための必要経費には何を含めるかなどという点が問われる。

① 　還元利回り又は割引率は適正か

　収益還元法には，直接還元法と，DCF法（Discounted Cash Flow法）がある。直接還元法は，一期間の純収益を還元利回り[10]によって還元する方法であり，DCF法は，連続する複数の期間に発生する純収益及び復帰価格を，割引率によって現在価値に割り引き，それぞれを合計する方法である。

　そこで，還元利回り又は割引率は，適切に査定されているかという点である[11]。

　例えば，平成9年12月10日裁決〔TAINS・F0 - 3 -074〕において，課税庁（原処分庁）が依頼した鑑定（以下「原処分庁鑑定」という。）は還元利回りを3.5％とし，請求人鑑定は評価対象地の個別性（とりわけ，投資対象として流動性が大幅に欠ける点）を総合的に比較考量した結果，やや高めの5％を採用した。しかし，裁決

＊10　還元利回りは，対象不動産に係る地域要因及び個別的要因の分析を踏まえつつ，(ア)類似の不動産の取引事例との比較から求める方法，(イ)借入金と自己資金に係る還元利回りから求める方法，(ウ)土地と建物に係る還元利回りから求める方法，(エ)割引率との関係から求める方法などにより適切に求めることが必要とされている。

＊11　東京国税局・前掲＊6においては，割引率や純収益の変動率は，地域・用途等により異なるものであるが，最近の地価公示で用いられている割引率（地価公示では基本利率）は，住宅地・商業地とも5％程度，純収益の変動率に関しても0.5％程度である。通常，還元利回りは，純収益の変動率を考慮して，割引率から純収益の変動率を控除して求めることとされている。

においては，評価対象地の流動性が大幅に欠けていることを考慮して5％を採用したものであることは推認できるものの，他の要素につき考慮の対象としたのか否かは明らかでないのであるから，請求人鑑定の存在をもって，直ちに，原処分庁鑑定が採用した還元利回りが不合理であるとはいえず，他に還元利回りが3.5％を超えなければ適正な鑑定方法ではないと認めるに足る証拠はないとされている。

　また，平成9年12月11日裁決〔TAINS・F0−3−001〕において，裁決は，収益還元法における土地の還元利回りは，金融市場において最も一般的と思われる投資利回りを標準に，底地の個別性を考慮し，当該土地の投資対象としての危険性，流動性，資産としての安全性，将来の賃料改定の可能性等を総合的に勘案して決定するのが相当であると認められるが，本件の評価対象地の存する近隣地域は既に商業地域として成熟していることからすれば，特に低い還元利回りを採用すべき事由は認められないので，請求人鑑定が採用した1％を相当ということはできないと述べている。

② 　収益事例の選択は適正か

　収益還元法における純収益は，総収益から総費用を控除して求める。純収益の算定に当たっては，㈠対象不動産からの総収益及び総費用を直接的に把握し，それぞれの項目について過去の推移及び将来の動向を分析して求める方法と，㈡近隣地域もしくは同一需給圏内の類似地域等に存する類似の不動産の純収益（収益事例）について，地域要因の比較及び個別的要因の比較を行って求める方法がある。

　対象不動産の純収益を近隣の収益事例から間接的に求める場合，収益事例の選択は，近隣地域又は同一需給圏内の類似地もしくは必要やむを得ない場合には近隣の周辺の地域に存する不動産から行わなければならない。そこで，取引事例比較法と同様，その収益事例が適正かということになる。

　例えば，神戸地裁平成10年3月18日判決〔税務訴訟資料231号32

頁〕における評価対象地は，Ａ市に位置し，第１種住居専用地域，容積率100％，建ぺい率50％，第１種高度地区という行政的条件にある。これに対し，原告鑑定が採用した収益事例は，Ｂ市に位置し，第２種住居専用地域，容積率200％，建ぺい率60％という行政的条件にある。そこで判決において，原告鑑定は，収益事例が評価対象地とは河川を挟んで約1,000ｍも離れているうえ，行政区，行政的条件及び収益物件を建築した場合の採算性を異にしていることからその選択は妥当でないとされている。

③　総費用の項目は適正か

収益還元法の算定における賃貸用不動産の総費用は，維持管理費（維持費，管理費，修繕費等），公租公課（固定資産税，都市計画税等），損害保険料等の諸経費などを考慮して求められる。賃貸以外の事業の用に供する不動産の総費用は，売上原価，販売費及び一般管理費等を加算して求めるものとされている。

そこで，経費項目は適切に算定されているかという点である[12]。

例えば，平成９年12月10日裁決〔TAINS・Ｆ０−３−074〕において，審査請求人は，原処分庁鑑定が必要経費を公租公課しか計上していない点が非現実的であると主張し，請求人鑑定は，更に地代収入の３％を必要経費に加算するものとしている。しかし，裁決では，地代収入を得るための必要経費が公租公課以外にも存する場合は想定することができるが，これが一般的に３％と認めるに足る証拠がないこと，評価対象地の管理費が実際に発生したというもので

---

*12　東京国税局・前掲＊６においては，経費率について，総収益の25％前後が一般的であるとされており，その内訳は以下のような目安が示されている。
　㈠　修繕費：再調達原価の1.0％程度，又は，総収益の５〜７％程度
　㈡　維持管理費：年間賃料の３〜５％程度
　㈢　公租公課：実額又は見積り
　㈣　損害保険料：再調達原価の0.1％程度
　㈤　貸倒れ準備費：敷金等で担保されているので原則として計上しない
　㈥　空室等損失相当額：総収益の５％程度，又は，月額賃料の１／２〜１か月分程度
　㈦　減価償却費：原則として計上しない

はないこと，地代の滞納及び貸し倒れについても本件において具体
的に発生の可能性が高いものではなく，一般的な発生の可能性につ
いて述べるに過ぎないことから，請求人鑑定は，原処分庁鑑定の合
理性を覆し，地代収入の３％を必要経費に加算することが評価対象
地の時価であると認めるには足りないとされている。

(4) 鑑定評価額の決定方法

① 評価額の算定は適正か

　最後に，取引事例比較法により算出された比準価格と収益還元法
により算出された収益価格を６対４とか７対３などと関連付け，公
示価格による規準価格を比較検討して鑑定評価額を算定する[*13]。

　そこで，その鑑定評価額の決定方法は適正かという点である。

　例えば，平成28年10月20日裁決〔TAINS・F0－3－503〕にお
いて，請求人鑑定は，取引事例比較法による比準価格と開発法[*14]
による価格を同等の比重で配分し，公示価格の規準価格との均衡に
留意して鑑定評価額を決定したとしている。しかし，裁決では，公
示価格の規準価格が取引事例比較法の比準価格及び開発法による価
格のいずれよりも高額であるにもかかわらず，請求人鑑定は比準価
格と開発法による価格の中庸で決定されていることから，公示価格
が適正に規準されていないと指摘されている。

---

*13　東京国税局・前掲＊６においては，鑑定評価額を単純に取引事例比較法や収益
　　還元法などの試算価格の平均値により決定している場合等は合理的と認められない
　　とされている。

*14　開発法とは，評価対象地の面積が近隣地域の標準的な土地の面積に比べて大き
　　い場合等において，次に掲げる価格を比較考量して鑑定評価額を決定することをい
　　う。
　(1)　一体利用をすることが合理的と認められるときは，価格時点において，評価対
　　　象地に最有効使用の建物が建築されることを想定し，販売総額から通常の建物建
　　　築費相当額及び発注者が直接負担すべき通常の付帯費用を控除して得た価格
　(2)　分割利用をすることが合理的と認められるときは，価格時点において，評価対
　　　象地を区画割りして，標準的な宅地とすることを想定し，販売総額から通常の造
　　　成費相当額及び発注者が直接負担すべき通常の付帯費用を控除して得た価格

② 開発法のみによるもの

また，広大な土地について，取引事例比較法及び収益還元法を算定せずに，開発法のみで鑑定評価額を決定している場合，これは鑑定基準に沿ったものとはいえないことから，類似の取引事例等から時価の検証を行い取引事例比較法を関連付ける必要があるとされている。

例えば，平成29年１月24日裁決〔TAINS・F０－３－542〕において，請求人鑑定は，取引事例比較法や収益還元法を採用せずに，開発法のみにより評価額を決定している。これに対し，裁決では，その評価手順全般を通じて想定要素（開発計画図，開発期間，販売価格，造成工事費，販売費，投下資本利益率等）が多く，査定する不動産鑑定士の判断によるところが大きいことから，採用した想定要素の数値に妥当性があるか否かを検討する意味からも，他の試算価格と開発法により求められた価格との比較が必要であるというべきであり，開発法のみにより評価額を決定することに合理性があるとは認め難いとされている。

(5) **総合的な判断**

これまで確認してきたとおり，鑑定が採用されなかったポイントとしては，選択した取引事例や公示価格が適切ではないこと，事情補正や時点修正，地域要因格差などの補正が適切でないことが理由となっている。

ただし，これらは総合的な判断となるため，不合理な点が１つあるからといって直ちにその鑑定が採用されないというわけではない[15]。

例えば，通達による評価に代えて原告鑑定を採用すべきか否かが

---

[15] 鑑定評価書に鑑定士の氏名が明らかにされていないような場合には，証拠資料として採用することができないとされている（平成９年２月６日裁決〔裁決事例集53巻400頁〕，平成９年11月６日裁決〔裁決事例集54巻375頁〕参照）。

争われた水戸地裁平成12年2月15日判決〔税務訴訟資料246号645頁〕においては，原告鑑定は，(イ)選択された取引事例が合理性を有するといえないこと，(ロ)公示価格の規準にかかる地域格差補正に合理的理由がないこと，(ハ)公示価格の規準にかかる価格変動率が合理性を有するといえないことなどから，それをもって直ちに相続税法の時価ということはできないと判示されている。

　また，原告鑑定と被告鑑定の適否が争われた東京地裁平成9年1月23日判決〔税務訴訟資料222号94頁〕においては，原告は，原告鑑定に基づいて通達による評価額が時価を上回ると主張し，被告は，被告鑑定に基づいて，通達による評価額は時価を上回らないと主張した。

　そこでは，両鑑定のいずれが評価対象地の価格をより適切に反映しているのかが検討されるが，被告鑑定については，(イ)採用した収益事例が適正であること，(ロ)選択した取引事例は不当に高額なものではないこと，(ハ)取引事情に基づく補正が適正に行われていることから，いずれもその信用性を排斥するに足るものということはできないとされている。

　これに対し，原告鑑定は，(イ)取引事例における標準化補正の欠如及び時点修正率の差異が正確性に影響を与えた可能性は否定できないこと，(ロ)採用した収益事例にかかる事情補正が低額に過ぎることなどから，その妥当性につき疑問があるといわざるを得ないと判示されている。

(6)　小　　　括

　納税者が鑑定評価に基づいて財産の時価を算出した場合，その鑑定評価が通達の定める評価額を下回っているだけでは，通達の定める評価方法が時価を超えるものということはできないことに留意が必要である。

　納税者は，通達による評価額よりも低い鑑定評価があることによ

り通達による評価の不合理性を主張する一方，課税庁は，通達による評価額よりも高い鑑定評価があることから，通達による評価は適正であると主張する。鑑定はいずれも専門家たる不動産鑑定士の意見表明である中で，納税者は，鑑定により被告鑑定の信用性を覆さなければならない。

　なお，通達に基づいた評価方法によることが課税時期における時価を上回る「特別の事情」がある場合には，通達によらないことが正当として是認され得る。次節以降においては，その事情が認められ，鑑定評価を採用することとなった事例について確認しておきたい。

3 納税者鑑定を採用した事例

　裁判例又は裁決例において，納税者が依頼した鑑定が採用された事例として以下のものがある。

(1) 福岡高裁平成19年2月2日判決

　奥行の著しく長大な宅地の評価について，評価通達によるべきでない特別の事情があるとして，納税者の鑑定評価が採用された事例として福岡高裁平成19年2月2日判決〔税務訴訟資料257号順号10627〕がある[16]。

　本件土地は，①北側で県道に約35m，西側で市道に約175m接する長大な形状をしており，②行政的条件として，用途地域が県道から50mの範囲内は近隣商業地域，50mを超える地域は第一種中高層住居専用地域であり，建ぺい率などの地価形成要因が異なっている。

　本件土地を路線価方式によって評価すると6億6,185万8,000円で

---

*16　第一審鹿児島地裁平成18年6月7日判決〔税務訴訟資料256号順号10420〕，控訴審福岡高裁平成19年2月2日判決〔税務訴訟資料257号順号10627〕

あり，評価通達に定める奥行価格補正率は，奥行距離が100mを超えると普通住宅地区や普通商業・併用住宅地区で0.80，中小工場地区で0.90となるなど一律の減価率となっている。

そこで，納税者は，①奥行距離が100mを大幅に超える長大な土地につき路線価方式によることは無理があること，②近隣商業地域に存する県道を正面路線価とすることで全体を近隣商業地域として評価することになってしまうことなどから，本件土地の評価を鑑定評価額3億0,093万2,063円によるべきであると主張し，課税庁は通達に定める路線価方式によって評価すべきであると主張した。

本件の裁決においては，本件土地の価額を路線価方式により算定することは，路線価方式により評価することができる宅地の範囲を超えており合理的であるとは認められないとされ，審判所において依頼した鑑定評価に基づいて4億4,576万1,000円によることが相当と判断された。

次に，地裁において，原告（納税者）は，依頼した鑑定評価額3億0,093万2,063円による評価を引き続き主張し，課税庁は，主位的に路線価方式の合理性を，予備的に裁決で採用された鑑定評価額4億4,576万1,000円によるべきであることを主張した。

地裁判決が両鑑定について検討した結果，納税者鑑定は，土地上に建物が存在することを無視して更地として評価していること，現に病院用地として利用されていることを全く考慮せずに最有効使用を店舗付共同住宅としていることから，本件土地の鑑定評価としては不合理なものであるといわざるを得ない反面，課税庁の主張する審判所鑑定については，本件土地を過大に評価したと認めるに足りる証拠はないとした。

一方，高裁判決は，地裁判決と異なり，審判所鑑定は，価格形成要因の分析・把握において本件土地の用途地域が異なることを看過したものであること等から採用できないと判断し，納税者鑑定には，その鑑定評価の手法及び過程に特に不合理な点は認められないとし

てこれを採用し，原判決を変更するものとした。

(2) 平成14年6月18日裁決

　市街化調整区域内の山林の評価について，通達によるべきでない
特別の事情があるとして，納税者の鑑定が採用された事例として平
成14年6月18日裁決〔TANS・F0－3－043〕がある。

　本件の評価対象地は，市街化調整区域内の山林5物件である。

　市街化調整区域内の山林は倍率方式により評価が行われるが，本
件土地は，通達の定めに従って評価を行うと著しく高額となり，時
価として不適切なものと判断されたため，審査請求人及び原処分庁
とも不動産鑑定士に鑑定を依頼し，ここではいずれの鑑定評価額が
土地の時価として適正であるかが争われた。

　納税者は，5物件の山林について，通達の定めによらず鑑定評価
に基づく価額により申告した。そのうち，本件第1土地の価額は
2,883万円，本件第2土地の価額は6,202万円である。

　原処分庁も鑑定評価を行い，本件第1土地は3,600万円，本件第
2土地は9,520万円が適正であるとして更正処分を行った。

　裁決では，原処分庁及び審査請求人のいずれの鑑定評価が適正で
あるかが争われ，各鑑定評価における標準画地の認定，最有効使用
の考え方，取引事例の選定，規準価格の算定及び個別的要因の格差
率を審理したところ，いずれについても審査請求人の主張には合理
性があり，本件土地の価額は，審査請求人の主張する鑑定評価によ
ることが相当であると判断されている。

4 裁判所が鑑定を依頼した事例

　納税者による通達によらない評価の主張に対して，裁判所が依頼
した鑑定が採用された事例として以下のものがある。

(1) 東京高裁平成13年12月6日判決

建築基準法の接道義務を満たしていない宅地の評価について，通達によるべきでない特別の事情があるとして，裁判所が鑑定を依頼した事例として東京高裁平成13年12月6日判決〔税務訴訟資料251号順号9031〕がある[17]。

土地の上に建築物を建築する場合，建築基準法が認定する道路に一定の間口で接している必要があるが（いわゆる接道義務），平成11年改正前の財産評価基本通達においては，その接道義務を満たしているか否かにかかわらず，間口4m未満は一律0.90（普通住宅地区）の減価とされていた[18]。本件土地を路線価方式により評価すると4億9,867万8,622円となる。

本件土地は，間口約2.1m，奥行き約17mの路地状部分を有する袋地状の画地である。東京都建築安全条例によれば，接道義務を充足するためには間口が3m以上必要であるため，現状ではその地上に建物を新築することができない土地であった。

そこで，納税者は，本件土地の評価額を鑑定評価額2億9,400万円によるべきであると主張し，課税庁は，評価通達の定める路線価方式は合理性を有していると主張した。

まず，地裁判決においては，課税庁が主張する路線価方式は，本件土地の客観的時価を算定する方法として特に不合理であるとはいえないから，これによって算定した本件土地の価額は客観的時価であると判示された。

これに対し，高裁判決では，本件土地は，路地状敷地であること，再建築が不可能なこと，規模が大きいことから鑑定（以下「当審鑑定」という。）を依頼した。判決は，当審鑑定（鑑定評価額は4億

---

[17] 第一審東京地裁平成12年2月16日判決〔税務訴訟資料246号679頁〕，控訴審東京高裁平成13年12月6日判決〔税務訴訟資料251号順号9031〕
[18] 改正後は，無道路地に準じて評価することとされている（国税庁質疑応答事例「接道義務を満たしていない宅地の評価」）。

1,300万円）が，これら一般的基準にはなじみにくい特性を含む本件土地の評価にあたり，その個別的要因，特殊性を十分考慮して，土地価格比準表等に基づく個別格差率だけでなく，路地状敷地の取引事例分析，土地残余法による効用格差分析に基づく検討も加えており，適正な鑑定方法と評価することができることから，当審鑑定に基づき評価するのが相当と判示している。

(2) 名古屋地裁平成16年8月30日判決

鉄道高架に隣接する宅地の評価について，通達によるべきでない特別の事情があるとして，裁判所が鑑定を依頼した事例として名古屋地裁平成16年8月30日判決〔税務訴訟資料254号順号9728〕がある。

本件土地は，西側の市道を挟んで，近鉄名古屋線の高架線路が存在し，朝夕の時間帯には上下線合わせて1時間当たり20本以上の電車が通過する。

本件土地を通達により評価すると6,795万3,891円（建付減価前）となる。

そこで，納税者は鑑定を依頼し，本件土地を4,281万2,000円（建付減価後）として相続税の申告をした。

一方，課税庁は，課税庁が依頼した鑑定評価額が6,840万円であり，上記の通達による評価額をわずかながら上回っていることから，通達による評価額は「時価」を超えるものではないと主張した。

なお，ここでは裁判所により鑑定が依頼されているが，本件において特殊な点は，原告が本訴の第3回弁論準備手続期日において，自己が主張する本件土地の評価額を裁判所の鑑定評価額（6,422万3,000円（建付減価前））に減縮した点である。

したがって，判決においては，課税庁鑑定と原告が主張する裁判所鑑定のいずれの鑑定が適正であるかが争われることとなった。そこでは，課税庁鑑定には，鉄道高架の隣接による減価要因の無視や

容積率の認定誤りという価額評価に重大な影響を及ぼす問題点を内包しており，その合理性に強い疑いを抱かざるを得ないのに対し，裁判所鑑定には，かかる問題点は見当たらないうえ，その余の鑑定内容，経緯についても，課税庁鑑定を上回る合理性を有することから，本件土地の時価は，当審鑑定によるものとされている。

5 国税不服審判所が鑑定を依頼した事例

　納税者による通達によらない評価の主張に対して，国税不服審判所が依頼した鑑定が採用された事例として以下のものがある。

(1) 東京地裁平成11年3月30日判決

　借地権付分譲マンションの底地の評価について，通達によるべきでない特別の事情があるとして，国税不服審判所が鑑定を依頼したものとして東京地裁平成11年3月30日判決〔税務訴訟資料241号571頁〕がある。

　借地権の付された土地の底地価額は，自用地価額から借地権価額を控除した金額によって評価する（以下，この方式による評価を「借地権価額控除方式」という。）。これは，底地の価額は，単なる地代徴収権の価額にとどまらず，将来借地権を併合して完全所有権とする潜在的価値に着目して価格形成されているのが一般的であると考えられることから，底地割合と借地権割合を足すと1になるようになっている。本件土地を借地権控除方式によって評価すると1億2,728万0,095円である。

　しかしながら，本件の評価対象地である分譲マンションは，(イ)60年間の借地権が設定されていること，(ロ)借地権者が16名いること，(ハ)借地権者から借地権の譲渡の承諾依頼があった場合には無条件に承認するといった一般の賃貸土地と異なる事情があった。

そこで，底地と借地権とが併合されて完全所有権が復活する可能性が著しく低く，また，契約更新等に係る一時金の取得の可能性がないなど，底地の価額が，地代徴収権に加えて将来底地と借地権とが併合されて完全所有権となる潜在的価値に着目して価格形成されていると認め難い特別の事情があるとして，納税者は鑑定を依頼し，その底地の評価を鑑定評価額2,000万円によるべきと主張した。

　裁決においては，審判所が鑑定評価を依頼したところ，その鑑定内容は，割合方式（更地価額に底地割合を乗じ，底地価額を求める方法をいう。）による価格 1 億8,300万円及び収益還元方式による価格2,810万円をもとに，本件土地の価額を3,000万円と評価している。

　次に，地裁において，原告（納税者）は，依頼した鑑定評価額2,000万円による評価を引き続き主張し，課税庁は，主位的に路線価方式の合理性を，予備的に裁決で採用された鑑定評価額3,000万円によるべきであることを主張した。

　判決においては，原告鑑定及び被告鑑定はいずれも不動産鑑定士によってされたものであり，それぞれの合理性を有するものということができるが，原告鑑定によって，被告鑑定の結果を覆し，本件土地の相続開始時の時価が3,000万円を下回ることを認めるには足りず，他にこれを認めるに足る証拠はないとして課税処分に違法はないと判示している。

(2)　平成 9 年12月11日裁決

　平成 9 年12月11日裁決〔TAINS・F 0 - 3 -001〕も同じく借地権付分譲マンションの底地の評価について，通達によるべきでない特別の事情があるとして，国税不服審判所が鑑定を依頼した事例である。

　本件宅地の上には，借地権付分譲マンションが建築されており，(イ)60年間の借地権が設定されていること，(ロ)借地権者が84名いること，(ハ)借地権の譲渡，転貸できるとされていることから，先の事例

と同様，底地の価額が，地代徴収権に加えて将来借地権を併合して完全所有権となる潜在的価値に着目して価格形成されると認め難い場合に該当し，その価額を借地権価額控除方式のみによって評価することは相当でないとされている。

本件宅地を評価通達により評価すると7億2,494万4,665円である。

そこで，納税者が鑑定を依頼し，鑑定評価額は収益還元法を重視して2億円と算出された。

裁決においては，審判所が本件宅地の評価額を検証するために取引事例比較法による検証を試みたが，第三者間における底地の取引事例を確認することができず，本件宅地の価額を検証することができなかったため，鑑定評価を依頼した。

その鑑定によれば，割合方式（更地価額に底地割合を乗じ，底地価額を求める方法をいう。）による価格7億5,000万円及び収益還元方式による価格5,190万円をもとに，本件宅地の価額を6,000万円と評価しており，割合方式による価格と収益還元方式による価格の双方を調整の上評価した審判所の鑑定評価額は相当と認められるので，同鑑定評価に基づくのが相当と判断されている。

(3) 平成22年5月19日裁決

道路から著しく離れている無道路地の評価について，通達によるべきでない特別の事情があるとして，国税不服審判所が依頼した鑑定が採用された事例として平成22年5月19日裁決〔TAINS・F0－3－261〕がある。

本件1土地は，路線価の付された道路から南方約250mから300m，本件2土地は，同じく南方約255mから290mにそれぞれ位置している（以下，本件1土地と本件2土地をあわせて「本件各土地」という。）。

本件1土地を通達に基づいて評価すると1,754万6,016円，本件2土地は1,144万2,816円である。

なお，本件各土地に面する道路は，幅員1.8mの農道であり，建築基準法に定める道路に該当せず，現状では本件各土地に建物を建築することができない。仮に建物を建築しようとするならば，本件各土地までの道路を整備しなければならないが，このような想定はおおよそ現実的ではなく，また，本件各土地までの間は，未だ宅地開発がされておらず，電気・水道等のライフラインの整備もされていないことから，将来的には宅地化されることが想定される土地ではあるものの，現況宅地開発を行うことは事実上困難な土地であると認められる。

　そこで，納税者は鑑定を依頼し，本件1土地の評価額を600万円，本件2土地の評価額を350万円とそれぞれ算出した。

　裁決においては，国税不服審判所が鑑定を依頼したところ，本件1土地の評価額は802万円，本件2土地の評価額は518万円と算出されている。

　国税不服審判所が鑑定評価の合理性を検討した結果，国税不服審判所鑑定は，市街化調整区域における取引事例においても，審査請求人の鑑定評価と比較し，より適切な事例を採用していると認められ，その余の鑑定内容においても合理性を欠く点は認められないことから，相続開始日における価額を国税不服審判所の鑑定評価に基づく評価額とするのが相当と判断している。

6　納税者鑑定と課税庁鑑定の双方を採用した事例

⑴　東京地裁平成15年2月26日判決

　バブル崩壊後の地価下落が見られる宅地の評価について，通達によるべきでない特別の事情があるとして，納税者の鑑定と課税庁の鑑定を平均した事例として東京地裁平成15年2月26日判決〔税務訴

訟資料253号順号9292〕がある。

　本件は地価下落期の平成6年6月27日相続開始の事案である。本件土地を路線価方式により評価すると3億6,361万7,100円となる。

　本件土地は，商業地区にあり，近隣に所在する公示価格から算出した年間下落率が32.9％（平成6年1月1日が470万円，平成7年1月1日が315万円）となっていた。

　そこで，その年間下落率が，路線価の評価上の安全性として考慮されている公示価格水準の20％の割合を超えるものであるため，通達によらないことが正当として是認され得るような特別の事情が存するとして，個別的評価を行うものとされている。

　納税者の鑑定は，公示価格による規準価格を考慮せず，収益還元法を重視して鑑定評価額を2億6,233万4,100円と算出している。

　一方，課税庁の鑑定は，取引事例比較法による比準価格（1㎡当たり262万円）と公示価格との規準（1㎡当たり313万円）により更地価格（1㎡当たり262万円）を求め，次に，個別的要因の比較を行って，本件土地の鑑定評価額を3億0,050万円と算出している。

　判決は，本件土地の価格算定に際しては，取引事例比較法による比準価格は無視できないものの，これが収益還元法による収益価格を上回る規範性を有しているとは認め難く，双方を同等に用いるべきものであり，適切に算定された比準価格と収益価格を単純平均して求めるのが相当であると判示している。

　そして，本件土地の収益価格は，原告側の鑑定で1㎡当たり212万1,000円，被告側の鑑定で同192万8,000円と若干の差異があるものの，いずれの算定過程にも不合理であると認めるに足りる事実を見出すことはできないから，原告側の鑑定のとおり212万1,000円を下回るものではないとした。

　また，本件土地の比準価格は，原告側の鑑定で1㎡当たり259万2,000円，被告側の鑑定で同262万円とほとんど差異がなく，いずれの算定過程にも不合理であると認めるに足りる事実を見出すことは

できないから，被告側の鑑定のとおり262万円を下回るものではないとした。

　このように算出した収益価格及び比準価格を用いて，本件土地を算定すると，その価額は以下のとおりとなる。

(イ)　1㎡当たりの価格

　212万1,000円〔収益価格〕＋262万円〔比準価格〕÷2＝237万0,500円

(ロ)　更地価格

　237万0,500円×120.00㎡（地積）＝ 2億8,446万円

7　国税不服審判所が独自に時価を算出した事例

(1)　平成9年2月6日裁決

　バブル崩壊後の地価下落が見られる宅地の評価について，通達によるべきでない特別の事情があるとして，国税不服審判所が独自に時価を算出した事例として平成9年2月6日裁決〔裁決事例集53巻400頁〕がある。

　本件は地価下落期の平成5年4月12日相続開始の事案である。

　審査請求人は，相続財産のうちA土地及びB土地については，地価の異常下落の状況下にあって，鑑定評価額が通達に基づく評価額を下回ることから，A土地を鑑定評価額2億2,680万円，B土地を同3億5,440万円により評価すべきと主張した。

　これに対し，原処分庁は，A土地の価額は通達に基づき算定した2億9,226万2,698円，B土地の価額は原処分庁が依頼した不動産鑑定評価額に貸家建付地の減額を行った4億2,383万8,160円と算定して更正処分を行っている。

　裁決において，両鑑定について検討した結果が以下のとおりである。

㈣　原告鑑定について

　A土地については，地積が大であるとして，有効宅地化率を90％とし，さらに，土地の細分化費用として14％強の減価をしているが，造成計画書や収支内訳書等もないことから，その細分化費用の妥当性を判断することができないこと，取引事例比較法の適用に当たって採用した各事例地の比準価格の算定及び公示地の規準価格の算定において，セットバックの補正がされていないことや選択した取引事例が不適切なものもあり，その標準化補正等に問題が認められること。

　B土地については，取引事例比較法の適用により算定した標準画地としての価格から建付減価を行い，更に借家権割合を控除しているがその根拠が不明であり，また，西側接面道路から20mを超える部分の容積率が300％（20m以内は400％）とされていることの補正を要すると認められるが，この補正がされていないといった問題点が認められること。

㈥　被告鑑定について

　原処分庁は，近隣の売買実例地に時点修正をした価額と，その売買実例地に付された平成5年分の路線価とを対比した割合を求め，A土地及びB土地の相続税評価額が時価を下回っていることの検証をしているが，この方法では，時価を算定したということはできずA土地及びB土地の時価が通達による評価額を下回らないことを証明したということにはならないこと，原処分庁から提出された不動産鑑定評価書の写しは，その鑑定を行った不動産鑑定士の氏名が明らかにされていないことから，これを証拠資料として採用することはできないこと。

㈥　審判所による時価の算定

　そこで，審判所においては，以下のとおり，A土地及びB土地の近隣の売買実例及び公示価格をもとに，土地価格比準表の地域格差及び個別格差の補正率を適用して価額を算定することとされた。

A　A土地について

　(A)　取引事例比較法に基づく比準価格（1 ㎡当たり70万2,390円）
　　と公示地を規準とした規準価格との平均値（1 ㎡当たり59万
　　6,423円）により，標準的な画地の価格を1 ㎡当たり64万9,406
　　円と算定した。

　(B)　その標準的画地とA土地とを比較した個別的要因の格差率は，
　　別表1のとおりであり，当該格差率を上記の標準的画地価格に
　　乗じて約4億4,895万円とした。

　　　なお，A土地のうち被相続人の持分100分の81を乗じて算定
　　した価額は，約3億6,364万9,500円である。

B　B土地について

　(A)　取引事例比較法に基づく比準価格（1 ㎡当たり80万7,169円）
　　と公示地を規準とした規準価格（1 ㎡当たり88万1,759円）と
　　の平均値をもって，1 ㎡当たり84万4,464円と算定した。

　(B)　その標準的画地とB土地とを比較した個別的要因の格差率は，
　　別表1のとおりであり，当該格差率を上記の標準的画地価格に
　　乗じて約5億4,526万円とした。

　　　なお，B土地は貸家建付地であることから，その自用地であ
　　るものとした場合における価額から借家人の有する権利に相当
　　する割合を控除した価額は約4億3,075万円である。

　以上のとおり，A土地が約3億6,364万9,500円，B土地が約4億3,075
万円と認められるところ，更正処分における価額は，A土地が2億
9,226万2,698円，B土地が4億2,383万8,160円で，いずれも当審判所
が算定した価額を下回ることから，課税処分に違法は認められない
と判断されている。

●別表1

	標準的画地価格	個別要因格差率			地積	土地の価額
	円／㎡				㎡	万円
A 土 地	649,406	97.34／100			710.23	44,895
		街路条件	＋3	1.03		
		交通接近	±0	1.00		
		環境条件	±0	1.00		
		画地条件	－5.5	0.945		
		相乗積		0.9734		
B 土 地	844,464	95.8／100			674.00	54,526
		街路条件	±0	1.00		
		交通接近	－3.5	0.965		
		環境条件	±0	1.00		
		画地条件	＋4.5	1.045		
		行政的条件	－5	0.95		
		相乗積		0.958		

（注）土地の価額は万円未満切捨

8 通達に基づく評価方法を適正とした事例

　バブル崩壊後の地価の下落がみられる宅地の評価について，通達によるべきでない特別の事情の有無が争われた事例として東京地裁平成11年8月10日判決〔税務訴訟資料244号291頁〕がある[19]。

　本件は，平成5年7月23日に被相続人が死亡したことにより開始した相続税について，原告が，通達に基づく本件土地の評価額は時価を過大に評価しており違法であるとしたものである。

　評価の争いとなっている本件宅地の面する路線に付された平成5年分の路線価は1㎡当たり377万円であり，これを基に一画地として評価すると自用地（更地）としての評価額は3億1,004万4,800円となる。

---

[19] 第一審東京地裁平成11年8月10日判決〔税務訴訟資料244号291頁〕，控訴審東京高裁平成12年9月12日判決〔税務訴訟資料248号711頁〕，最高裁平成13年3月8日判決〔税務訴訟資料250号順号8853〕

そこで原告は，平成4年，5年においては，地価の急落に路線価が追いつかず，実勢価格が，路線価を下回るという逆転現象が発生しており，本件宅地の相続開始時の正常価格を2億4,800万円（1㎡当たり301万6,000円）とする不動産鑑定評価書（以下「原告鑑定書」という。）によって評価すべきであると主張した。

　これに対し被告税務署長は，(イ)本件宅地と直線距離で100m程度の近隣に所在し，かつ，同一用途地域内にある都道府県地価調査の基準地（以下「中央5－26」という。）は，本件宅地の価額を検討する上では最も適した基準地であり，その標準価格を基に本件宅地の価格を算定すると3億3,029万7,057円となること，(ロ)被告が依頼した不動産鑑定評価書（以下「被告鑑定書」という。）によれば，本件宅地の価格を総額3億1,900万円（1㎡当たり388万円）と評価しているところ，右鑑定の方法，取引事例等の資料の選択は合理性を有することから，本件宅地の通達に基づく評価額は，相続開始日における時価を上回っていないことは明らかであると主張した。

　判決においては，路線価方式によって算定された評価額が時価とみるべき合理的な範囲内にあれば，相続税法22条違反の問題は生じないと解するのが相当であり，したがって，路線価方式によって算定された評価額が客観的交換価値を超えているといえるためには，路線価方式により算定した宅地の評価額を下回る不動産鑑定評価が存在し，その鑑定が一応公正妥当な鑑定理論に従っているというのみでは足りず，同一の宅地についての他の不動産鑑定評価があればそれとの比較において，また，周辺における公示価格や基準地の標準価格の状況，近隣における取引事例等の諸事情に照らして，路線価方式により評価した評価額が客観的な交換価値を上回ることが明らかであると認められることを要するものと述べられている。

　そして，本件においては，被告鑑定書による価格3億1,900万円は鑑定評価の方法，過程に不合理な点はないというべきであり，中央5－26の標準価格をもとに算定した価格が3億3,029万7,057円と

なることをも考慮すれば，路線価によって算出された価格3億1,004万4,800円は時価とみるべき合理的な範囲内にあるものと認められる一方，原告鑑定書には合理性を欠く点があり，そのことが本件宅地の鑑定価格を実勢価格より低くしている可能性が多分にあり，原告鑑定書を根拠に，相続開始当時の時価が2億4,800万円であるとする原告の主張は，直ちには採用できないと判示されている。

9 本章のまとめ

　通達に定める画一的な評価基準を適用することによって，財産の適正な評価を行うことができず，時価を超える評価額となってしまう場合には，他の合理的な評価方法によることが相当と解されている。

　そこで，不動産鑑定は，土地の取引や価格に精通し，かつ，専門的な知識を有する不動産鑑定士が，その知識経験に基づいて，鑑定を依頼した者が指定する時点の前後における鑑定対象地近傍の売買実例価格や公示価格などの価格をもとにして行われるものであるから，その結果として求められた合理性を有する鑑定評価額は，相続税法の時価と解することができ，このような鑑定評価額が存在する場合には，通達によらないことが正当として是認され得るような特別な事情があると認められる。

　したがって，納税者が鑑定により申告又は更正の請求をした場合，課税庁においてその合理性が認められれば鑑定評価額が時価となる。

　ただし，鑑定評価は，不動産鑑定士の主観的な判断及び資料の選択過程が介在することを免れないものであり，それが公正妥当な不動産鑑定理論に従っているとしても，鑑定人が異なれば，異なる評価額が出てくる可能性がある。争訟においては，当事者の一方又は双方から鑑定が提出され，鑑定同士の争いとなる場合があり，それぞれが全く異なる結論であることが珍しくない。

例えば，通達による評価が100であるのに対し，納税者鑑定80が
あるとする。そこでは，通達によるべきでない特別の事情があり，
かつ，納税者鑑定に合理性が認められる場合には，納税者鑑定80が
採用される。

　次に，課税庁が鑑定を依頼して120であったとする。そこでは，
納税者は，課税庁鑑定の不合理性を証明しなければならない。課税
庁鑑定が合理的なものであれば，それよりも低い通達による評価
100は適法ということになる。通達によるべきでない特別の事情が
あり，かつ，課税庁鑑定に不合理な点が認められる場合には，納税
者鑑定80が採用される。

　最後に，通達による評価が100，納税者鑑定が80，課税庁鑑定が
90であった場合である。そこでは，まず納税者鑑定と課税庁鑑定と
どちらが合理的かが検討される。課税庁鑑定が合理的であれば，90
による課税処分は適法ということになる。納税者鑑定が合理的であ
れば，90による課税処分は違法ということになる。

　このように，通達によるべきでない特別の事情が認められる場合，
納税者鑑定80が採用されたり，課税庁鑑定90が採用されたりする。
また，納税者鑑定80及び課税庁鑑定90のいずれも採用できないとし
て，裁判所（審判所）が鑑定を依頼して85であったり，課税庁鑑定
と納税者鑑定を併用したり，審判所が独自に時価を算定することも
ある。

　結論として，なぜ納税者鑑定が採用されたのか，なぜ裁判所が鑑
定を依頼したのかは，これまで述べてきたとおり，極めて個別性，
専門性の高い論点である。やってみなければわからない実務だと言
わざるを得ない。

　なお，通達によることが不相当と認められる「特別の事情」に関
しては，裁判例・裁決例によれば，著しく奥行の長大な宅地や無道
路地のように，通達が予定する減価補正率よりも大きな減価要因が
あると認められる場合や一定の状況下にある借地権付分譲マンショ

ンの底地のように，通達の評価方法の趣旨からして想定していない
減価が見られる場合など，通達に定められた画一的な評価方式によ
ることで客観的な時価を上回ってしまう場合に特別の事情が認定さ
れている。

第 6 章

倍率方式と総則 6 項

1 相続税と固定資産税の因果関係

(1) 倍率方式とは

本章では，倍率方式における通達によらない評価の可能性を確認しておきたい。

相続税・贈与税の土地の評価は，原則として，市街地的形態を形成する地域においては「路線価方式」，上記以外の地域においては「倍率方式」により行われる。

その倍率方式とは，土地に付された固定資産税評価額[*1]に，各国税局長が定める評価倍率を乗じて評価額を求める方式である（評価通達21）。固定資産税評価額に単純に評価倍率を乗じるのみで評価額が算出される簡便的な方法である。

ただし，相続税・贈与税の土地評価において，評価のもととなる固定資産税評価額の適否は検証しなくて良いのだろうか，という問題を検討してみたい（相続税・贈与税において，倍率地域にある全ての土地の固定資産税評価額を検証する必要性はないが，本書のような論点が存することを紹介しておきたい。）。

(2) 固定資産税評価の論点

固定資産税評価額は，総務省の評価基準に基づいて，市町村（特別区は都税事務所。以下，あわせて「評価庁」という。）により算定がなされるが，評価作業の過程の中で評価に関与する者の判断が

＊1　この固定資産税評価額とは，以下の価格をいう。
①土地登記簿に登記されている土地について，土地課税台帳に登録されている基準年度の価格又は比準価格（地方税法381①）
②土地登記簿に登記されていない土地について，土地補充課税台帳に登録されている基準年度の価格又は比準価格（同法381②）
③仮換地，仮使用地，保留地又は換地などについて，土地補充台帳とみなされたものに，登録されている基準年度の価格又は比準価格（同法381⑧）

必要とされる場面がある。

　そこでは，(イ)評価の基礎となる標準宅地の選定，標準宅地の価格と基準宅地の価格との均衡及び標準宅地の評価額から評価対象地への比準の方式が評価基準に従ったものであるかどうか（基準適合性），(ロ)右評価基準が一般的に合理性を有するかどうか（基準の一般的合理性），(ハ)評価基準による標準宅地の価格が賦課期日における適正な時価であるか（標準宅地の価額の適正さ）などの論点がある。

(3)　固定資産税評価額が誤りである場合の相続税への影響

　最高裁平成21年10月2日判決〔TAINS・Z999－8385〕[*2]は，納税者が市長の誤った固定資産税評価額を根拠として相続税の評価をした結果，相続税の過納付を余儀なくされたとして，市長に損害賠償を求めた事例である。

　本件では，評価庁である市長には，本件土地の画地計算において必要ながけ地補正及び道路より低い位置にある画地の補正を行わず，本件土地の固定資産税評価額を過大に決定したという過失があるとして納税者に対する損害賠償が認められている。

　本件土地の概要は以下のとおりである。

(イ)　鎌倉市に所在し，現況地目は宅地である。

(ロ)　都市計画の区域区分は市街化調整区域，評価通達において倍率地域に存する。

(ハ)　総面積のうち21.08％はがけ地であり，いずれも傾斜15度を上回っている。

(ニ)　本件土地の接する道路は傾斜となっており，高低差は最大で約

＊2　第一審横浜地裁平成18年5月7日判決〔TAINS・Z999－8383〕，控訴審東京高裁平成19年9月26日判決〔TAINS・Z999－8384〕，最高裁平成21年10月2日判決〔TAINS・Z999－8385〕

4.68m，最小で約2.62mである。

(ホ) 被告（市長）は，本件土地の奥行きを49.40mと認定したうえで，奥行補正率を0.90とし，平成3年度の固定資産税評価額を4,383万1,749円と決定した。

(ヘ) 平成3年5月10日に死亡した被相続人の相続税申告に際し，本件土地の相続税評価額は上記の固定資産税評価額4,383万1,749円に倍率5.9を乗じた2億5,860万7,319円とされている。

(ト) 平成15年，原告は，固定資産税評価額が時価に比してあまりに高額であるとして固定資産税の審査申出を行った。その結果，本件土地にがけ地補正率0.90，道路より低い画地の補正率0.85，奥行補正率0.90を適用して計算すると補正率の積は0.688となり，平成3年度における適切な固定資産税評価額は3,350万6,937円であったとされた。

(チ) 平成15年，原告は，税務署に対し，平成3年度における本件土地の相続税評価額は固定資産税評価額3,350万6,937円に倍率5.9を乗じた1億9,769万0,928円であったとして相続税の更正の請求を行ったが，税務署は，更正期間を過ぎているとしてそれを認めなかった。

そこで，原告は，市長は平成3年度の固定資産税評価を決定するに当たり，本来であれば3,350万6,937円とすべきところ，4,383万1,749円と過大な決定をした過失があると主張した。

判決は，本件土地においては，がけ地補正及び道路より低い位置にある画地の補正を行う必要があり，被告市長は，本件土地について必要な調査を怠った結果，評価基準及び事務取扱要領に規定された補正を適用するという職務上通常尽くすべき注意義務を漫然と怠った過失が認められ，その過失に基づく被告市長の固定資産税評価額の決定には，国家賠償法上の違法性が認められると判示している。

また，固定資産税と相続税の因果関係については，地方税法と相続税法という別個の法律によって評価方法が定められ，評価権者自

体も異なるものであるとしても，被告市長としては，固定資産について誤った評価を行えば，その後に行われる相続税の課税価格に影響を及ぼし，原告が適正な相続税額を納付することができないことは，十分に予見し又は予見することが可能であったといえるから，市長の過失と原告が被った相続税の過納付の損害との間には，相当因果関係が認められるものとされている。

したがって，本章では，相続税・贈与税の評価と相当の因果関係がある固定資産税の評価誤りについて確認しておきたい。

2 固定資産税の時価

(1) 評価基準制度の採用

固定資産税の土地・家屋の評価は，地方税法において，賦課期日における「価格」で土地課税台帳等や家屋課税台帳等に登録されたものと定められており（地方税法349①），その「価格」とは，「適正な時価」をいうと定められている（同法341五）。

また「適正な時価」とは，正常な条件の下に成立する当該土地の取引価格，すなわち，客観的な交換価値をいうものと解されている[*3]。

ただし，固定資産税は，課税対象となる全国1億筆以上の不動産を短期間に一斉に評価し，課税を行わなければならない。そのため，限りある人的資源を活用しても，これらについて，反復，継続的にそれぞれ一定の時間的制約の中で課税の基礎となるべき価格の評価を実施することが困難である。そこで，その評価方法を総務大臣の定める固定資産評価基準（以下，「評価基準」という。）によることとし，もって，大量の固定資産について反復，継続的に実施される評価について，各市町村の評価の均衡を確保するとともに，評価に

＊3　東京地裁平成8年9月11日判決〔判例時報1578号25頁〕など

関与する者の個人差に基づく評価の不均衡を解消することとされている。

なお，地方税法が総務大臣の評価基準に委任したものは「適正な時価」の算定方法であるから，評価基準による評価が客観的時価を上回る場合には，その限度において，固定資産税評価額は違法なものとなると解されている。

この取扱いは，相続税法における評価通達による運用（税法上時価により評価を行うものの，課税事務の負担軽減及び納税者間の公平等から国税庁による評価基準制度を採用し，当該画一的な評価基準によることが相当でない特別の事情がある場合には評価基準によらない評価を行う。）と同様である。

(2) 固定資産税評価の逆転現象

固定資産税の評価が時価を上回る逆転現象が着目されるようになったのは，平成6年度評価替えの時である。

公示価格や都道府県基準地価格，相続税評価額，固定資産税評価額といった公的評価を一元化するため，まず相続税の評価水準が平成4年から公示価格の80％水準に引き上げられた[*4]。そこで，相続税評価の基となる路線価は1年間適用されるものであるため，理論上，実勢時価の年間下落率が20％を超える場合には，相続税評価額が時価を上回る逆転現象が生じることとされた。

次いで固定資産税において，固定資産税は3年に一度評価が見直されていることから[*5]，平成6年度評価替えから公示価格の70％水準に引き上げられた[*6]。ここでも，理論上，実勢時価の年間下落率

＊4　政府税制調査会「平成4年度の税制改正に関する答申」（平成3年12月）。

＊5　固定資産税については，3年に一度の基準年度，固定資産評価員が評価し市長が評価額を決定する。基準年度に決定した評価額は，原則として3年間据え置かれるが，この基準年度以外でも土地の区画・形質の変更や地目の変更などがあれば改めて評価される。

＊6　自治事務次官依命通達「固定資産評価基準の取扱いについての依命通達の一部改正について」平成4年1月22日付及び自治省税務局長通達「土地及び家屋に係る

が30％を超える場合には，固定資産税評価額が時価を上回る逆転現象が生じることとなった。

(3) 評価水準の引上げとバブル崩壊後の地価の影響

　平成6年度の評価替えにおいては，評価時点として平成6年1月1日が賦課期日とされているが，大量に存在する固定資産につき市町村長が全ての評価事務を短期間に行うことは困難であるから，評価事務に要する相当な期間をさかのぼった価格調査の基準日が平成4年7月1日とされていた[*7]。

　そこで，賦課期日と価格調査基準日との間に1年半のタイムラグがあることから，地価の急激な下落に対応できないという問題があった。例えば，平成4年7月1日に地価の下落を考慮して登録価格を70とする。しかし，平成5年の1年間で市場価額が32％の下落をしてしまうと，平成6年1月1日における時価は68となり，登録価格70は2だけ違法ということになる。

　平成6年度評価替えにおける固定資産税評価額を不服とする納税者の審査申出は，平成元年頃からの地価の急落（いわゆるバブルの崩壊）に加え，課税標準である評価額を自治省（当時）の事務次官通達で引き上げたことの租税法律主義違反を問うものも加わり，2万件を超えるという事態が生じた。

(4) 登録価格が違法とされた事例

　東京地裁平成8年9月11日判決〔判例時報1578号25頁〕は，固定

平成6年度（基準年度）の評価の運営について」平成4年5月22日付。いわゆる7割通達である。
　　7割通達が発出されたのは，土地基本法16条の規定の趣旨を踏まえ，相続税評価との均衡にも配慮しつつ，速やかに，地価公示価格の一定割合を目標にその均衡化・適正化を推進すること等が決められたことが背景にある。
＊7　平成9年評価替え以降は，価格調査基準日が賦課期日の前年1月1日とされ，また7月1日までの時点修正が可能とされている（評価基準第1章第12節）。令和3年度評価替えの場合は，価格調査基準日は令和2年1月1日となるが，令和2年7月1日までの半年間の地価を反映させた時点修正が行われる。

資産税の納税義務者である原告が，平成6年度の登録価格が時価を超える違法なものであるとして審査申出を行った事例である。

　本件土地の平成6年度登録価格12億5,588万7,640円に対し，原告はその評価を6億6,318万7,171円によるべきであると主張した。

　被告固定資産評価審査委員会[*8]は，評価対象地の固定資産税評価額の基準となる標準宅地について，価格調査の基準日である平成4年7月1日時点の不動産鑑定評価額1㎡当たり1,490万円を基に，平成5年1月1日までの6か月の地価動向を勘案して12.1％減の時点修正を行い，その7割程度の価格である1㎡当たり910万円をその適正な時価としている。その結果，当該標準宅地の評価額に基づいて評価対象地を10億9,890万1,690円と算定した。

　判決では，平成5年1月1日から平成6年1月1日の標準宅地の近隣公示価格28地点における下落率が平均30.23％であること，その標準宅地の価格算定の基礎とされた公示価格の下落率が32.35％であることから，標準宅地の客観的時価は32％下落したものと認められ，標準宅地の価格変動が3割を超えることからすると，本件土地が標準宅地の価格を評価の基礎としたことは違法というべきであると判示している。

　そして，平成6年1月1日における標準宅地の1㎡当たりの価格は890万6,028円であったと推認することができ，標準宅地の適正な時価890万6,028円と基として本件土地の価格を算定すると10億7,447万9,380円となると述べられている。

---

*8　固定資産税評価額は，評価庁によって決定されるが，その評価額に不服がある固定資産税の納税者は，市町村に設置されている固定資産評価審査委員会に審査を申し出ることができる。納税者は，固定資産評価審査委員会に審査の申出を行った後，審査委員会の決定について取消しの訴えを提起するという方式によってのみ争うことができる。

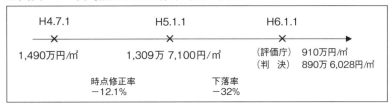

したがって，実務上，近隣公示価格等の年間下落率が30％を超える場合には，固定資産税評価額を見直す必要がある[*9]。

3　固定資産評価基準の論点

(1)　固定資産評価基準による評価方法

さて，冒頭で述べたとおり，評価庁における固定資産税の評価の過程には判断が必要とされる場面がある。

そこで，まずは固定資産評価基準における宅地の評価方法を確認しておきたい。

固定資産税における宅地の評価は，各筆の評点数を付設し，評点数に評点1点当たりの価額を乗じて求める。

各筆の評点数は，主として市街地的形態を形成する地域における宅地については「市街地宅地評価法」によって，その他の地域における宅地については「その他の宅地評価法」によって付設する（評価基準第1章第3節）。市街地宅地評価法は，いわゆる路線価方式であるが，評価手続の流れは，以下(イ)から (ハ)のとおりである（図表－2）。

＊9　一方で，標準宅地の近隣の公示価格の平成5年1月1日から平成6年1月1日の下落率が25.78％である事例（大阪地裁平成9年5月14日判決〔判例タイムズ960号106頁〕）や28.0％である事例（神戸地裁平成11年3月29日判決〔判例地方自治194号76頁〕）などにおいては，下落率が30％を超えておらず登録価格に違法はないものとされている。

●図表−2　宅地の評価手続の概要

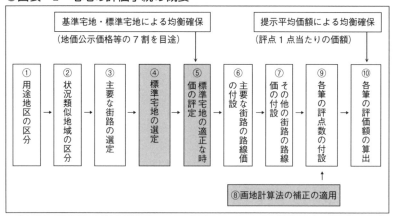

基準宅地・標準宅地による均衡確保	提示平均価額による均衡確保
（地価公示価格等の７割を目途）	（評点１点当たりの価額）

①用途地区の区分 → ②状況類似地域の区分 → ③主要な街路の選定 → ④標準宅地の選定 → ⑤標準宅地の適正な時価の評定 → ⑥主要な街路の路線価の付設 → ⑦その他の街路の路線価の付設 → ⑨各筆の評点数の付設 → ⑩各筆の評価額の算出

⑧画地計算法の補正の適用

（出典）　財団法人資産評価システム研究センター「土地評価」『平成17年度固定資産税関係資料集』をもとに筆者作成

(イ)　地区区分と標準宅地の選定

　　まず，宅地の存する地域を商業地区，住宅地区，工業地区，観光地区などに区分し，各地区について，状況が類似する地区ごとに主要な街路を選定する。その主要な街路に沿接する宅地のうちから奥行，間口，形状等の状況が標準的と認められるものを標準宅地と選定する。

(ロ)　路線価の付設

　　次に，標準宅地について，売買実例等から正常な条件の下での適正な時価を評定する。その適正な時価に基づいて標準宅地が沿接する主要な街路について路線価を付設する。

　　その主要な街路の路線価を基礎とし，主要な街路に沿接する標準宅地とその他の街路に沿接する宅地との間における宅地利用上の便等の相違を総合的に考慮して，その他の街路について路線価を付設する。

(ハ)　各筆の評価

　　各筆の宅地の評点数は，その沿接する路線価を基礎とし，奥行

のある土地，正面と側面あるいは裏面等に路線がある土地，不整形地，無道路地若しくは間口が狭小な宅地などの状況に従って所定の補正を加えて算出する（画地計算法）。

このような手順によって求められた価格が固定資産評価台帳に登録され，固定資産税の課税標準となる。

しかし，その各過程においては評価庁の主観的な判断が介入する余地がある。以下の事例は，例えば，標準宅地の選定及び評価は適正か，画地計算法の適用は適正かという点が争われたものである。直接的に相続税法の時価が争われたものではないが，その評価に相当の因果関係があると認められることから，ここで確認しておきたい。

なお，標準宅地の選定や評価，画地計算法の適用が誤っていたからといって，直ちに最終的な固定資産税評価額が時価を上回るものではないが，統一的な評価基準による評価によって各市町村全体の評価の均衡を図り，評価に関与する者の個人差に基づく評価の不均衡を解消しようとする地方税法及び固定資産評価基準の趣旨に照らすと，固定資産税評価額の評定が評価基準に適合しない場合には，仮に賦課期日における客観的時価以下であったとしても，その決定は法に反するものと解されている[10]。

(2) 標準宅地の選定の適否

(イ) 標準宅地の選定

図表－2のうち「④標準宅地の選定」は適正か，という点である。

宅地の評価は，各地域の主要な街路に沿接する宅地のうちから奥行，間口，形状等が標準的なものを標準宅地として選定し，その標準宅地を基礎として行われる[11]。

---

[10]　東京地裁平成13年2月27日判決〔判例地方自治215号54頁〕
[11]　標準宅地は，主要な街路に沿接する宅地のうちから，画地計算法でいう奥行価

例えば，状況が類似する地域の中で，その地域における標準を超える宅地を選んでいるとすれば，そこに設定された路線価は高いものとなり，連動して周辺街路の路線価も高くなる。結果として各筆（評価対象地）の評価額も高くなってしまう。

したがって，標準宅地の選定が誤っているとした場合，それをベースとした評価対象地の固定資産税評価額も誤っていることになる。

㋺　標準宅地の選定が違法とされた事例

東京地裁平成14年3月7日判決〔判例時報1811号63頁〕は，市街地的形態を形成する地域に存する宅地の評価について，標準宅地の適否が争われた事例である。

評価庁は，その地域を状況が類似するごとに区分して標準宅地を選定したが，ここでは標準宅地として角地を選定していた。そこで，判決においては，その周辺地域においては角地が標準的とは認め難く，むしろ中間画地が標準となる地域であると認めるのが相当であり，角地を標準宅地に選定したことは，評価基準に反するものといわざるを得ないとされている。

また，東京地裁平成8年9月30日判決〔判例タイムズ957号187頁〕においては，標準山林の選定が争われている。評価基準によれば，標準山林は，状況類似地区ごとに，位置，地形，土層，林産物の搬出の便等の状況からみて比較的多数所在する山林のうちから選定するものとされている。しかし，本件において評価庁は，標準山林を各状況類似地区に一つずつ選定せず，原則として同一価格帯を代表する一つの状況類似地区に1か所の標準山林を選定し，右標準山林から同一価格帯の各状況類似地区内の山林に比準する方法を採用したことが認められる。そこで，判決では，その

格補正率が1.0であり，他の各種加算率，補正率の適用がない宅地及び不動産鑑定評価においても各種の補正率の適用のない宅地をいう。

方法において評価基準の要求する手続を履践していないものというほかないと述べられている。

したがって、評価庁によってその地域の中で標準的ではない宅地が選定されている場合には、固定資産税評価額の評定が評価基準に適合していないものとなり、それを基礎とした評価対象地の固定資産税評価額も違法ということになる。

(ハ) 標準宅地の選定が適正とされた事例

一方、横浜地裁平成12年9月27日判決〔判例地方自治210号29頁〕は、標準宅地の選定が適正なものとされた事例である。原告は、標準宅地は状況類似地域の中から最も標準的な宅地を選定すべきであり、本件の場合、車両通行ができない土地を選定すべきであるのに車両通行が至便で、南向きの緩やかな傾斜地を標準宅地として選定しており、違法であると主張した。

これに対し判決は、確かに、本件の標準宅地は、幅員2.5mの、舗装され、小型車駐車可で、駐車場設置可能な市町村道に接し、原告所有の土地とは異なることが認められるが、同一の状況類似地域の中においてもある程度の条件の相違が存在すること自体許容されており、標準宅地と評価対象地の条件が相違しても、両地に沿接する街路の路線価を算定する際の加減事由として相違点を適正に斟酌することによっても合理的な価格を算出することは十分可能であるし、さらに、四輪車などの車両の通行ができない土地は数的には少数であり、また県道の南側は北側と比べて人家の数がやや少ないことから、そもそも評価対象地と条件において同一の土地を標準宅地として選定すること自体が容易ではないと述べている。

(3) 標準宅地の評価の適否

(イ) 標準宅地の評価

次に図表-2のうち「⑤標準宅地の適正な時価の評定」は適正

か，という点である。

　標準宅地が選定されると，標準宅地の時価が評定される。標準宅地の時価は，不動産鑑定士による鑑定評価額等に基づいて評価され，その7割を目途に固定資産税路線価が付設される。

　そこで，仮に標準宅地の評価に誤りがあるとすれば，その周辺の地域の評価水準は高くなり，それをベースとした評価対象地の固定資産税評価額も誤っていることになる。

㈹　標準宅地の評価が違法とされた事例

　横浜地裁平成12年9月27日判決〔判例地方自治210号29頁〕は，市街地の宅地の評価に当たり，標準宅地の評価の適否が争われた事例である。

　本件宅地の評価に当たっては，標準宅地の補完として「その他標準宅地」が選定されており（神奈川県企画部市町村課長通知），その他標準宅地の鑑定評価において，最寄商店街への接近性を750mとすべきところを200mとする誤りがあった。その点を修正すると，1㎡当たり15万9,000円が1㎡当たり14万9,000円となるが，被告固定資産評価審査委員会においては，固定資産税が7割の評価水準にあることから許容範囲があるとして是正されていなかった。

　そこで，判決においては，標準宅地の鑑定評価に当たって，不動産鑑定士が標準宅地の最寄り商店街への接近距離を誤って鑑定評価している場合，その誤りを是正しなかった審査委員会の審査決定は採用することができないと述べられている。

　つまり，評価庁によって標準宅地の評価が適正になされていないような場合には，固定資産税評価額の評定が評価基準に適合していないものとなり，それを基礎とした評価対象地の固定資産税評価額も違法ということになる。

㈻　標準宅地の評価が適正とされた事例

　一方，名古屋地裁平成13年5月23日判決〔判例タイムズ1120号

152頁〕は，標準宅地の評価が適正なものとされた事例である。原告は，本件の標準宅地の鑑定評価書は，取引事例比較法で採用された取引事例の数（3事例）が少ない上，採用された取引事例は全て公示価格よりも高い価格，すなわち買い進み事例に偏っており，統計的手法に照らして精度がなく，信用性がないと主張した。

　これに対し，判決は，(イ)採用された3事例は，本件標準宅地に近接した地域における取引事例を20程度収集し，それらを比較検討したうえで，比準価格を決定するのに信用性の高いものが採用されていること，(ロ)少なくとも現行の不動産鑑定評価基準においては統計的手法によって鑑定評価を検定することは予定されていないこと，(ハ)本件の鑑定が収益還元法の間接法を採用していることに対し，原告は収益還元法の直接法の優位性を主張するが，個々の鑑定において，収益還元法の直接法を採用できないことも当然あり得るのであるから，そのような場合に他の方法によって鑑定が行われたとしても，鑑定自体の信用性が失われるものではないことなどから，本件標準宅地の鑑定が特段不合理であるとは認められないものと判示している。

　また，長野地裁平成16年3月19日判決〔TAINS・Z999-8098〕は，原告が，近隣の公示価格等が3年間で10.8％下落しているのに対し，本件の標準宅地は3年間で1.9％上昇していることなどから不動産鑑定評価（1,330万円）は不当であり，その評価を原告鑑定評価（1,290万円）によるべきであると主張した事例である。

　これに対し判決は，事実認定の結果，原告鑑定には信用性に疑問を差し挟む余地がある一方で，標準宅地における不動産鑑定評価書は誤りがあるとは認められず，本件標準宅地の価格は適正であるから，登録価格も適正な時価を超えるものではないと判示している。

⑷　画地計算法の適否

㈦　画地計算法における補正率の適否

　最後に図表－2のうち「⑧画地計算法の補正の適用」は適正か，という点である。

　標準宅地に適正な時価が評定されると，それに基づいて主要な街路及びその他の街路に路線価が付設される。その路線価を基礎として，各筆の評価が行われるのであるが，路線価は標準的な宅地の価額を表しているため，各画地の奥行，間口，街路との状況に従って所定の補正を加えることになる。いわゆる画地計算法である*12。

　そこでは，さらに2つの論点があり，画地計算法の適用が評価基準に従ったものであるかどうかという点（基準適合性）と，そもそも評価基準の定めが一般的に合理性を有するかという点（基準の一般的合理性）である。

　評価庁によって画地補正率が適正に適用されていない場合や，土地に評価基準が予定していない個別事情があるなど減価が適正に反映されていない場合には，評価対象地の固定資産税評価額が違法なものということになる。

㈢　登録価格が適正でないとされた事例

　神戸地裁平成11年3月29日判決〔判例地方自治194号76頁〕においては，市街地の宅地の評価が争われているが，市町村，固定資産評価審査委員会，裁判所との間で図表－3のとおり画地補正率に相違が生じている。

　本件土地の形状はおおむね図表－4のとおりであり，東側で街

---

*12　固定資産税における画地計算の種類には，①奥行価格補正，②側方路線影響加算，③二方路線影響加算，④不整形地補正，⑤無道路地補正，⑥間口狭小補正，⑦奥行長大補正，⑧がけ地補正などがある。そのほか，評価基準を補完するために，各自治体において事務取扱要領の中で独自の補正項目が定められている。

●図表－3　各補正率の相違

	評価庁	固定資産評価審査委員会	裁判所
奥行価格補正率	0.97	0.85	0.88
奥行長大補正率	－	0.95	－
不整形地補正率	0.95	－	0.95
道路についての補正率	－	0.90	0.90
評 価 額	2億3,818万3,864円	1億8,783万2,796円	2億0,004万8,748円

路に面している。当初の評価庁による固定資産税評価額は，間口約10m，奥行約24mとして，奥行価格補正率0.97を，また，不整形地であるとして不整形地補正率0.95をそれぞれ適用し，2億3,818万3,864円と決定されていた。

●図表－4　本件土地の形状

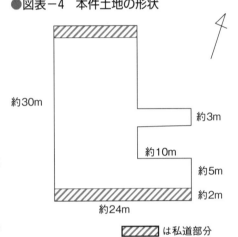

被告（固定資産評価審査委員会）においては，路線よりおおむね画地の中線の位置によって評価図上で測定した深さを43mとして奥行価格補正率0.85，奥行距離を間口距離で除した数値が7以上8未満であるとして奥行長大補正率0.95を適用し，不整形地補正率は適用せず，また，本件土地の一部が公共の用に供する道路であることについて0.90の補正率を適用するのが妥当であるとして，評価額を1億8,783万2,796円と決定している。

判決は，被告が算定した評価額1億8,783万2,796円は，裁判所が算定した評価額（2億0,004万8,748円）を上回るものではないため適法であるとしているが，当初の固定資産税評価額は裁判所が認定した評価額を超えていることとなる。

また，大阪高裁平成13年2月2日判決〔判例タイムズ1081号181

●図表−5 各評価額

	評価庁	原告鑑定	判 決
不整形地補正		0.525	0.715
建築不能による減価補正		0.50	0.65
評価額	1,007万円	400万円	760万円

頁〕は，原告が不動産鑑定評価を用いて固定資産税評価額の違法性を主張した事例である。

評価対象地の平成6年度固定資産税評価額が1,007万円であることに対し，原告鑑定は，本件土地の形状が間口1.9m，奥行18.3mという極端に細長い不整地形を呈し，建築基準法上も建物を建てることができないことから，標準宅地と比較して路地状敷地（0.75），幅狭少（0.7）及び建築不能地（0.5）としての各減価を重畳的に施し（減価率73.75％），本件土地の価額を400万円（1㎡当たり7万5,600円）と評価している（図表−5）。

これに対し判決は，原告鑑定は，形状不整形と建築不能とに分け，さらに前者を路地状敷地としての減価と有効宅地部分の減価とに分けたうえ，これら全てを乗じて減価率73.75％を導いているが，各減価要因を重畳的に算定している点で相当でなく，また，建築不能地による減価率を50％としているのも高きに失するというべきであると述べている。

そして，本件では，路地部分の価値率（0.75）と有効宅地部分（約38㎡）の価値率（0.7）にそれぞれの面積を乗じた合計価値（37.85）を総面積（約53㎡）で割った28.5％をもって形状不整形による減価率とし，建築基準法上の建築不能による減価率については35％とみて，両者を総合して減価率50％と査定するのが相当であり，客観的な交換価値は760万円（1㎡当たり14万4,000円）であると認定されている。

このように評価に関与する者によって，採用する減価補正率に違いが生じることがある。

(ハ)　評価基準の一般的合理性

　　固定資産評価基準の一般的合理性については，その評価手法が鑑定評価理論と矛盾するものではなく，客観的時価への接近方法としても合理性を有するものということができ，また画地計算法についても，宅地を評価する基準・方法として合理性を欠くというべきような事情も見当たらないものであり「適正な時価」への接近方法として合理的であって，法の委任の趣旨に従ったものであると解されている。

　　ただし，近年，評価基準制度においては，評価基準の一般的合理性が問われるケースがある。例えば，代表的なものとして相続税における東京高裁平成13年12月6日判決〔税務訴訟資料251号順号9031〕があり，建築基準法のいわゆる接道義務を充足していない土地において，著しく間口が狭いことから建築不可となる宅地について，鑑定評価により評価基準の不合理性が指摘されている。

　　そのほか，不整形地やがけ地，無道路地，セットバックを必要とする土地，接面街路との関係，広大地，騒音・振動等のある土地，高圧線下地，地下・地上阻害物，忌み地，土壌汚染の有無，地下埋設物の有無，利用価値の著しく低下している宅地など個別の事情によっては画一的な固定資産評価基準に基づく補正が適正とはいえない場合が考えられる。

　　そのような評価基準が予定していない減価要因があることにより，財産の適正な評価を行うことができない場合においては，不動産鑑定など他の合理的な評価方法により評価を行うこととなる。

4　本章のまとめ

　相続税・贈与税の倍率方式においては，固定資産税評価額が準用されている。一般に，賦課課税制度としての固定資産税の評価額は，

行政庁から納税者に通知されるものであり疑問視されることが多くはないが，その評価額が誤りとなるケースもみられる。

第一に，標準宅地の選定や標準宅地の評価，画地補正率の適用が評価基準に適合していない場合においては，最終的な固定資産税評価額が仮に賦課期日における客観的時価以下であったとしても，その決定は法に反するものと解されている。

第二に，時価と固定資産税評価額の間に評価の安全性（許容範囲）は3割しかなく，地価の急激な下落や評価基準の予定していない減価がその3割を上回る場合には，評価基準により算出された評価額が時価を超えて法に反するものと解されている。

このように固定資産税評価額が過大である場合には，相続税や贈与税も過納付となることから，評価庁による固定資産税評価が必ずしも適正とは限らないことに留意が必要である。

第 7 章
家屋評価と特別の事情

1 家屋の評価

(1) 家屋の評価と固定資産評価基準

前章の土地の倍率方式は，固定資産税評価額をもとに評価が行われており，ここでの家屋[*1]の評価も固定資産税評価額をもとに評価が行われている（評価通達89）。

その固定資産税における家屋の評価では，再建築価格方式が採用されている。再建築価格方式とは，評価の対象となった家屋と同一のものを新築するものとした場合に必要とされる建築費（再建築費評点数）を算出し，これに経年減点補正，損耗減点補正，需給事情による補正を行って評点数を算出する方法である（図表－1）。

そして，その評点数に1円と物価水準による補正率，設計管理費等による補正率を相乗して固定資産税評価額を算出する[*2]。

なお，家屋は，新築・増築された「新増分家屋」と従来から存する「在来分家屋」に区分され，新増分家屋は新たに評価額が設定され，在来分家屋は前年度の評価額を基準に評価される。固定資産税は3年に一度評価替えが行われることから，在来分家屋は，基準年度に課税標準として決定された価格が第2年度，第3年度として据え置かれ，それぞれの年の課税標準とされる。

ただし，賦課期日において家屋の改築又は損壊その他これらに類

---

*1　固定資産税における家屋とは，住家，店舗，工場，倉庫その他の建物をいい（地方税法341①三），登記簿に登記されるべき不動産登記法の建物と同義である。

*2　「物価水準による補正率」は，標準評点数が2年前の東京都における物価水準により算定した工事原価を基礎として表したものであるため，東京都との物価水準に対する地域的格差を考慮するものである。木造家屋においては0.90から1.00までの範囲で定められており，非木造家屋においては1.00とされている（評価基準第2章第4節三）。

　「設計管理費等による補正率」は，工事原価に含まれていない設計管理費，一般管理費等負担額の費用を基礎として定めたものであり，原則として，木造家屋1.05,非木造家屋1.10とされている（同第4節三）。

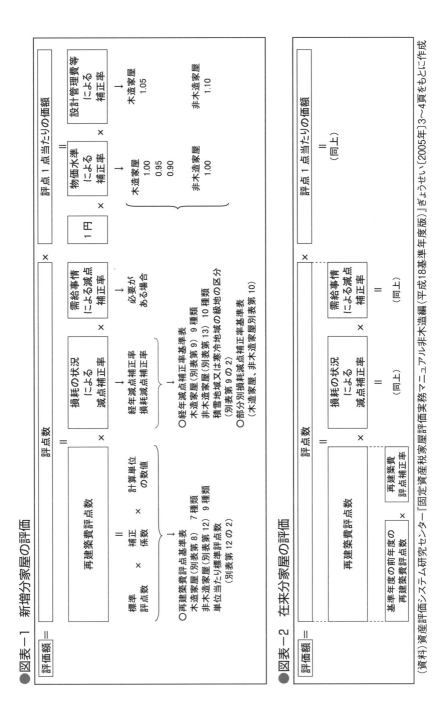

●図表－1　新増分家屋の評価

●図表－2　在来分家屋の評価

(資料) 資産評価システム研究センター『固定資産税家屋評価実務マニュアル非木造編 (平成18基準年度版)』『同木造 (2005年)』3～4頁をもとに作成

する特別の事情がある場合には第2年度，第3年度においても再評価を行うことがある（地方税法349②③⑤）。

(2) 固定資産税評価額が過大となる場合

　さて，そのように付された固定資産税評価額については，土地の評価と同様，賦課課税制度として行政庁から納税者に通知されるものであり，その適否が疑問視されることが多くはないが，評価額が誤りとなるケースも見られる。

　例えば，市町村（特別区は都税事務所。以下，あわせて「評価庁」という。）による評価手法が固定資産評価基準に適合していない場合においては，最終的な固定資産税評価額が仮に賦課期日における客観的時価以下であったとしても，その決定は法に反するものと解されている（基準適合性）。再建築費評点数や経年減点補正，損耗減点補正，需給事情による補正，物価水準による補正，設計管理費等による補正は適正に算定されているかという点である。

　また，評価基準が適正に適用されていたとしても，評価基準が定める減点補正を超える減価が存するなど評価基準が定める方法によっては適正な時価を算定することができない「特別の事情」がある場合には，固定資産税評価額が時価を超えて法に反するものと解されている（基準の一般的合理性）。

　このように評価庁により付された固定資産税評価額が過大となるケースにおいては，相続税や贈与税も過納付となることから，家屋の逆転評価の可能性について検討してみたい。なお，以下の事例は，相続税・贈与税において家屋の評価が争われたものではないが，建物を所有する納税者が，不動産鑑定評価書を提出するなどして固定資産評価基準の適否が争点となったものである。

2 各種の減価補正

(1) 再建築費評点数の適否

(イ) 再建築評点数の算出方法

まずは図表－1のうち「再建築費評点数」は適正か，という点である。

再建築費評点数は，評価庁により家屋の状況に応じて「部分別による再建築費評点数の算出方法」又は「比準による再建築費評点数の算出方法」のいずれかにより求められる。

部分別による再建築費評点数は，家屋を目視により主体構造部，基礎工事，天井仕上，屋根仕上，建築設備などに区分し，その構造の区分に応じて，木造家屋再建築費評点基準表（別表第8）又は非木造家屋再建築費評点基準表（別表第12）によって算出される。

また，比準による再建築費評点数は，当該市町村に所在する家屋を，構造，程度，規模等の別に区分し，それぞれの区分ごとに標準とすべき家屋を標準家屋として定め，この標準家屋の再建築費評点数を基礎として，評価対象となる家屋の再建築費評点数を求める方法である。比準による再建築費評点数は，部分別の方法による評価手続上の複雑な点を解消し，評価事務の簡素合理化を図る趣旨により設けられている。

なお，そのようにして付された再建築費（再建築価格）であるが，実際の建築費用を上回る場合や建築費に物価水準の下落がみられる場合に適正な評定が行われているかという問題がある。

(ロ) 実際の建築費用と再建築費評点数

第一に，家屋に付された再建築費が，実際の建築費用を上回る場合，固定資産税評価額が時価を上回ることになるであろうか。

名古屋地裁平成14年6月28日判決〔TAINS Z999－8052〕は，建物の所有者である原告が，請負代金を上回る固定資産税評価額は適正な時価を超えているとした主張が棄却された事例である。

本件の鉄骨造建物は，平成11年に建築されたものであり，市長は，評価基準及び事務取扱要領に定められた手続に従って固定資産税評価額を1,272万4,606円と決定した。

　これに対し原告は，当該家屋は，工場でユニットを成型・量産し現場で組み合わせるユニット工法によるものでコストの低額化がされており，評価基準によりこのような特殊性が反映されていないことから，実際の売買（建築請負）契約における代金850万円によるべきであると主張した。

　判決は，建築費用を基準とする方法は，価格決定の際の個別的な事情による偏差を受けやすく，評価上の困難が伴うのに対し，評価基準における再建築価格方式は，個別的な特殊事情に左右されることなく家屋の客観的時価を把握することが可能で，かつ，基準を整備することによって評価も比較的容易であるから，大量の固定資産につき適正かつ公平な税負担を迅速に実現することが要求される課税事務において，適正な時価の算出に最も適当な評価方法であると判示している。

　そして，ある建築業者の創意工夫によって，材料費や人件費を節約することができ，その結果，請負ないし売買代金を低廉に設定することができたとしても，完成した家屋の形態，機能，規模等が一般的な工法によって建築された他の家屋とほぼ同じであるならば，客観的な交換価値も他の家屋とほぼ同じ程度と評価されるべきであるとして原告の請求を棄却している。

(ハ)　再建築費評点数と物価水準の下落

　第二に，再建築費の算定における標準評点数は，２年前の物価水準で算出された工事原価となることから[*3]，評価基準の想定し

＊3　「標準評点数」は，基準年度の賦課期日の２年前の７月現在の東京都（特別区の区域）における物価水準により算定した工事原価を基礎として表したものである（評価基準第２章第２節二）。
　そのため，建築物価水準が下落傾向にあるときは，賦課期日における再建築費を適切に算定できない可能性がある。第３基準年度においては，約５年間のタイムラ

ていない物価水準の下落がある場合に，固定資産税評価額が時価
を上回ることが考えられる。

最高裁平成19年3月22日判決〔判例地方自治290号74頁〕[4]は，
不動産取得税の納税義務者である原告が，固定資産評価基準に基
づく家屋の課税標準額が適正な時価を上回っていると主張した事
例である。

本件家屋は，平成7年10月30日に新築されたものであり，被告
である県税事務所長は，再建築費評点数を9,870万1,213点とし，
1点当たりの価額（1円×物価水準による補正率1.00×設計管理
費等による補正率1.10）を乗じて課税標準額を1億0,857万1,334
円とする不動産取得税賦課決定をした。

これに対し原告は，評価基準は3年に一度のみ改正されること
から，バブル崩壊後の物価の下落が反映されておらず，平成7年
の建築物価水準を平成4年のそれと比率を乗じて，1億0,857万
1,334円×（14万3,204円／16万2,410円）＝9,573万2,094円とす
べきであり，原告が提出した不動産鑑定評価額1億0,178万4,000
円からしても課税標準額は高額に過ぎると主張した。

控訴審判決は，建設省（現国土交通省）建設経済局調査情報課
発行の建築統計年報[5]に記載された1㎡当たりの工事費予定額が，
平成4年から平成7年にかけて，全体で約11.0％，鉄骨造では約
11.8％減少していると指摘。そのように一般的に建築物価水準が
下落傾向にあるときは，賦課期日の2年前の物価水準に基づいて
算出される標準評点数について，3年にわたって何らの補正，修
正をすることなくこれを用いた場合には，賦課期日における再建

グがあることになる。

＊4　第一審水戸地裁平成14年9月25日判決〔判例地方自治252号29頁〕，控訴審
東京高裁平成16年1月22日判決〔判例時報1851号113頁〕，上告審最高裁平成19年3
月22日判決〔判例地方自治290号74頁〕

＊5　現在の国土交通省『建築統計年報』又は，一般財団法人建設物価調査会『建築
統計の年間動向』には，物価水準の指標として，構造別の床面積の合計，工事費予
定額などの統計が示されている。

築費を適切に算定できない可能性があり，適正な時価を適切に算定することができない「特別の事情」があるとして，納税者の不動産鑑定評価額を採用した。

　なお，最高裁は，控訴審の指摘は物価水準の下落により標準評点数をそのまま適用すると再建築費を適正に算定することができない可能性があるというものであるが，あくまで一般的，抽象的な可能性をいうものに過ぎず，本件家屋について評価基準による評価を下回る評価を相当とする具体的事情を指摘するものではないとして判断を取り消している。

(2) 経年減点補正の適否

㈠　経年減点補正の用途区分

　次に，図表−１のうち「損耗の状況による減点補正」は適正か，という点である。損耗の状況による減点補正には，原則の「経年減点補正」と天災，火災等による「損耗減点補正」がある。

　「経年減点補正」は，経過年数に応ずる補正であり，税務会計上の減価償却計算のイメージである。通常の維持管理を行うものとした場合において，その年数の経過に応じて通常生ずる減価を基礎として定めたものであり，木造家屋経年減点補正率表（別表第９）又は非木造経年減点補正率表（別表第13）により求められる。

　なお，その経年減点補正の適用に当たっては，税務会計の減価償却も資産の構造や用途により耐用年数が異なるように，評価基準においても図表−３のとおり用途区分に応じて補正率が異なってくる。

㈡　用途区分が争われた事例

　そこで，評価対象の家屋がどの用途に当てはまるのかを判断することが必要となる。

　例えば，前橋地裁平成17年２月18日判決〔TAINS Z999−8114〕

●図表－3　経年減点補正率表の用途区分

	木造家屋	非木造家屋
1	専用住宅，共同住宅，寄宿舎及び併用住宅建物	事務所，銀行用建物及び2〜8以外の建物
2	農家住宅用建物	住宅，アパート用建物
3	ホテル，旅館及び料亭用建物	店舗及び病院用建物
4	事務所，銀行及び店舗用建物	百貨店，劇場及び娯楽場用建物
5	劇場及び病院用建物	ホテル及び旅館用建物
6	公衆浴場用建物	市場用建物
7	工場及び倉庫用建物	公衆浴場用建物
8	土蔵用建物	工場，倉庫，発電所，変電所，停車場及び車庫用建物
9	附属家	－

は，非木造家屋の経年減点補正率の用途区分をめぐって，学習塾の用に供される部分が「店舗」か「事務所」かが争われた事例である。

　原告は，平成12年に前所有者から4階建ての建物を購入した。本件建物は，1階部分は店舗，3〜4階部分は住宅として使用されている。

　なお，経年減点補正率表の用途区分については，家屋が複数の用途に供されている場合は，原則として主たる用途により1棟単位で補正が行われることから，学習塾部分が「店舗」に当たれば，1棟のうち店舗が最も大きな床面積を占めることになり，「事務所」に当たれば住宅が最も大きな床面積を占めることになる。

　被告評価庁は，学習塾の用に供されていた2階部分は店舗に該当することから，店舗が最も大きな床面積を占めるものであり，経年減点補正率を「3．店舗及び病院用建物」の0.6865を適用して平成15年度の固定資産税評価額を3,234万4,935円と決定した。

　一方，原告は，学習塾の用に供されていた2階部分は事務所に該当することから，住宅が最も大きな床面積を占めるものであり，

経年減点補正率を「2.住宅，アパート用建物」の0.5649を適用すべきであると主張した。

判決は，学習塾にも様々な態様のものがあり，本件建物の2階部分が学習塾として使用されていた場合，補正率基準表に示された用途のいずれに類似するかが判然としないといわざるを得ず，その用途区分は，「1　事務所，銀行用建物及び2～7以外の建物」に該当すると解するのが相当であると述べている。

したがって，経年減点補正率は，住宅として使用されている部分が最も大きな床面積を占めていることから「2.住宅，アパート用建物」の0.5649とするべきであったといえ，市長によって決定された本件建物の平成15年度の価格は適正な時価と認めることはできず，違法であるといわざるを得ないと判示されている。

(3)　損耗減点補正の適否

(イ)　損耗状況による補正

家屋の価格形成に影響を与える物理的な減価要因としては，使用による摩耗破損，時の経過による老朽化，偶発的損傷（火災，地震，水害等），一部の取壊し，滅失などがあり，基礎杭や内装，外壁，屋根，天井等に損傷を与える場合がある。

そこで，「損耗減点補正」は，天災，火災その他の事由により経年減点補正率によることが適当でないと認められる場合に，各部分別の損耗の現況を建築当初の状態に修復するものとした場合に要する費用を基礎として定めたものである。

損耗減点補正率は，家屋の各部分別ごとに，損耗の状況に応じて，次の算式によって求められる。

（算式）

部分別損耗減点補正率 ＝ 損耗残価率 × 損耗減点補正率を適用しようとする家屋の経年減点補正率

また損耗残価率は，当該家屋の各部分別の損耗の程度に応じ，

●図表－4　損耗減点補正率基準表

損耗度	損耗状況	損耗残価率
0	通常以上の損耗がないもの	1.00
1	当該部分別の価額の10%程度の価値を減ずる損傷（腐朽）があるもの	0.90
2	当該部分別の価額の20%程度の価値を減ずる損傷（腐朽）があるもの	0.80
3	当該部分別の価額の30%程度の価値を減ずる損傷（腐朽）があるもの	0.70
4	当該部分別の価額の40%程度の価値を減ずる損傷（腐朽）があるもの	0.60
5	当該部分別の価額の50%程度の価値を減ずる損傷（腐朽）があるもの	0.50
6	当該部分別の価額の60%程度の価値を減ずる損傷（腐朽）があるもの	0.40
7	当該部分別の価額の70%程度の価値を減ずる損傷（腐朽）があるもの	0.30
8	当該部分別の価額の80%程度の価値を減ずる損傷（腐朽）があるもの	0.20
9	当該部分別の価額の90%程度の価値を減ずる損傷（腐朽）があるもの	0.10
10	当該部分別の原形をとどめないとき又はその復旧が不能であるとき	0

部分別損耗減点補正率基準表（別表第10）により求められる。

㈹　損耗減点補正の採否が争われた事例

　　その損耗減点補正においては，具体的にどのような状況が「天災，火災その他の事由により経年減点補正率によることが適当でないと認められる場合」に当たるのか，また，どの程度価値を減ずる損傷があるものと認定するのか，評価担当者の判断が必要となる。

　　例えば，仙台地裁平成16年3月31日判決〔TAINS Z999－8101〕では，昭和53年宮城県沖地震を経験し，基礎杭や内装に損耗の激しい鉄筋コンクリート造（延床面積7,903.01㎡）の店舗用建物の評価が争われた。本件建物の平成12年度の固定資産税評価額は5億0,405万4,305円である。

　　本件建物は，昭和49年に建築されているが，地震により基礎杭の危険性や不同沈下，外壁の変質・老朽化，内装の荒廃が認められている。

　　そこで，原告は，基礎杭の危険性その他の減価要因があることから，評価基準が定める方法によっては適切に価格を算定することができないものであり，適正な時価は，昭和49年当時の推定新

築価格である8億9,140万円（＝約37万3,000円×2,390坪）に評価基準上の残価率である20％を乗じた1億7,828万円を超えることはないと主張した。

判決は，建物の基礎杭自体について損傷が認められれば，当該建物の取引価格に大きな影響を与えることは明らかであり，杭の損耗の点を考慮しない評価方法による価格は，客観的な取引価格を超えるおそれがあることから，本件建物には評価基準が定める減点補正を超える減価を要する特別な事情があるとして，納税者から提出された不動産鑑定評価額1億7,828万円を採用している。

(4) 需給事情による減点補正の適否

(イ) 需給事情による減点補正

建築様式が著しく旧式となっている家屋や所在地域の状況によりその価額が減少すると認められる家屋については，その減少する価額の範囲において需給事情による減点補正を行う。

ただし，需給事情による減点補正を適用するか否かは，(イ)建物の規模・形状，(ロ)不使用の事実，(ハ)高額物件による市場性の欠如，(ニ)最有効利用からの乖離，(ホ)近隣同種施設の存在などの観点から判断することになるが，具体的にどのような場合に適用するのかが明らかではない。

(ロ) 需給事情による減価がなかった事例

例えば，名古屋地裁平成17年1月27日判決〔判例地方自治272号23頁〕は，評価の対象となった建物については，規模や形状，不使用期間の存在，高額物件であること，最有効使用からの乖離，近隣同種施設の存在等を理由とする減価が認められないとされた事例である。

平成2年8月31日に建築された本件建物の平成15年度固定資産税評価額は42億4,795万1,657円である。本件建物は，地下1階地上5階建ての店舗，駐車場，スポーツ施設であり，延床面積が5

万2,520.45㎡の大型建物である。1階から5階までの中央部分が吹き抜けとなっており上部をドーム状にした円形のセンターコートがある。

　そこで原告は，本件建物のような商業施設の評価は，収益力，資本効率，運用益から形成されること，その特殊なデザインから，汎用性がないこと，経済不況による賃借料相場の低下の影響を受けていることなどから，収益還元法に基づく不動産鑑定評価額により評価すべきであると主張した。

　これに対し判決は，確かに，本件建物は商業施設としては大型の部類に属するといえるが，近隣の商業施設と比較しても特に過大であるとまではいえず，また，中央部にドームを有し，その部分が5階まで吹き抜けとなっているなどの構造も，これによって利用者が開放感や豪華な雰囲気を味わうことができるなど，好印象をもたらすと考えられるから，本件建物の客観的な価値を高めるものではあり得ても，それを低めるものとは認め難いと述べている。また，本件建物の不使用期間の存在，高額物件であること，最有効使用からの乖離，近隣同種施設の存在等を理由とする需給事情による減価を認めることはできないと判示している。

(ハ)　需給事情による減価がなされた事例

　一方，鳥取地裁平成19年1月23日判決〔判例地方自治297号17頁〕は，所在地域の状況によりその価額が減少すると認められる家屋については，需給事情による減点補正を行う必要があるとされた事例である。

　昭和58年に建築された本件建物は，地上7階建て，延床面積約2万3,939㎡の駐車場併設型の大型商業施設である。原告は，営業譲渡を受け，平成7年11月に原告の直営店及びテナント店約15店から成るD店を開業し，平成17年10月31日に閉店するまで，本件建物を使用していた。

　なお，本件建物が所在する倉吉市の市況は，昭和60年頃以降低

迷しており，その中でも特に，D店の主な顧客の居住している打吹地区は，人口の減少及び高齢化が進んでおり，また，周辺地区に人口が流出し，これらの地区の幹線国道沿いに消費者の需要に適合した大型店舗が進出する等していて，これらの要因により商業地域が縮小傾向にあったことが認められている。

そこで判決は，需給事情による減点補正が(1)「建築様式が著しく旧式となっている非木造家屋」，(2)「所在地域の状況によりその価額が減少すると認められる非木造家屋等」について，その減少する価額の範囲において適用されるところ，本件建物が(1)に該当するとは認められないとした。

なお，上記(2)に該当するか否かについては，本件建物は，新築後約20年を経過した大型商業施設であり，一般の非木造家屋の中では特殊性が強く，他の用途への転用可能性は乏しいものとみられ，所在地域の商況の著しい減退傾向により，交換価値に大きな影響を受けていたものと認められる。加えて，近隣地域の大型核店舗も閉店を余儀なくされていることにかんがみれば，本件建物は，賦課期日である平成15年1月1日当時，非木造家屋としての市場価値が相当に低下していた。現に，同日以後の事情ではあるが，平成17年10月31日にD店が閉店し，その後に実施された本件建物の入札でも買受け希望者がなかったこと，本件建物と同様に大型商業施設として使用された別の建物についても購入者がなかったことは，上記の市場価値の低下を裏付けるものであると述べている。

そして，このような事情を総合すると，大型商業施設である本件建物については，所在地域である打吹地区の経済的状況に基づき，その価額が相当に減少していることが認められ，本件建物について適正な時価を算定するためには，需給事情による減点補正（△30％）を行う必要があると判示されている。

3 収益還元法の適否

(1) 固定資産評価基準と不動産鑑定

　家屋の時価として，固定資産評価基準とは別に，不動産鑑定がある。近年の裁判例においては，固定資産評価基準が定める方法によって時価を適切に算定できない「特別の事情」が存する場合は，不動産鑑定評価が採用されることがある。

　不動産鑑定における建物の評価は，原価法による積算価格[*6]，取引事例比較法の配分法に基づく比準価格[*7]，収益還元法の建物残余法による収益価格[*8]の３つを関連づけて評価額を決定する（不動産鑑定評価基準各論第１章第３節）。

　固定資産評価基準が，再建築価格方式として原価法と同様の手法を採用していることに対し，不動産鑑定では，原価法に加えて，取引事例比較法，収益還元法を関連づける点で相違する。

　そこで，家屋が本来的にはその利用を通して収益を得るものであることから，固定資産税の評価においても，特に商業施設や賃貸マンションなどの収益性建物においては，どの程度の収益が得られるかといった収益性に着目してその価値を算定する収益還元法をできる限り斟酌するべきものとする見解もある。

＊6　原価法とは，対象不動産を再調達することを想定した場合に必要とされる適正な原価の総額（再調達原価）を求め，耐用年数に基づく減価修正，観察減価法による減価修正をして積算価格を求める方法をいう（不動産鑑定評価基準第７章第１節Ⅱ）。

＊7　配分法に基づく比準価格とは，取引事例が，例えば家屋と土地で複合的に構成されている場合において，取引価格から土地部分の価格が判明しているときは控除し，又は，家屋部分の割合が判明しているときは構成割合を乗じて求める方法をいう。

＊8　建物残余法による収益価格とは，敷地の価格を収益還元法以外の手法によって求めることができる場合に，敷地と建物等からなる不動産について建物等に帰属する純収益から建物等の収益価格を求める方法をいう。

(2)　収益還元法が採用されなかった事例

　以下の事例は，納税者が，収益還元法を重視した不動産鑑定評価書を提出するなどして，市町村又は固定資産評価審査委員会の決定価格が適正な時価を超えていると主張したものである。

(イ)　静岡地裁平成15年5月29日判決

　静岡地裁平成15年5月29日判決〔LEX／DBインターネット・28082686〕における原告は，国家公務員共済組合法に基づいて設置された者であり，福祉事業として宿泊施設の敷地及び建物を所有している。

　本件建物は，平成10年に建築された鉄骨鉄筋コンクリート造陸屋根地下2階付7階建て，延床面積1万2,361.85㎡の旅館（ホテル）であり，平成12年度固定資産税評価額は26億7,216万7,110円とされている。

　そこで原告は，本件建物は観光客の減少傾向の目立つリゾート地のホテル用土地建物であり，このような実需の乏しい物件についての客観的交換価値すなわち合理的な取引者の購買意欲を喚起し，実際に購入に踏み切る可能性のある価格はいくらかを把握するためには，取引事例法や原価法によることは不可能であり，収益還元法の採用が不可欠であると主張。原告が提出した不動産鑑定評価額は5億9,680万6,400円とされている。

　これに対し判決は，原告鑑定の採用した本件各不動産の売上高及び費用については，それが適正なものであるかについて疑問を抱かざるを得ず，また，DCF法を含む収益還元法により対象物件を適正に評価するためには，当該物件の純収益を適正に算定することが大前提となることからすると，原告鑑定がDCF法を適用して評価した本件各不動産の評価額についても直ちに適正な時価として採用することはできないとして原告の鑑定評価が採用されていない。

㈹ 名古屋地裁平成17年１月27日判決

　また，名古屋地裁平成17年１月27日判決〔判例地方自治272号23頁〕は，大規模商業施設の建物について，原告が，収益還元法によって評価すべき「特別の事情」があると主張した事例である。

　原告は，平成２年頃，大規模小売業を展開していたＢ社が賃借することを前提として，同社の仕様に従って，地下１階地上５階建て，延床面積５万2,520.45㎡の本件建物を建築し，Ｂ社は，期間20年間，月額賃料を約7,000万円として賃借した。

　しかし，Ｂ社は，平成９年夏頃から業績不振に陥り，営業を平成10年１月に停止。その後，原告は，テナントの変更に伴って平成14年に改修工事を行ったうえ，Ｄ社ほか３社に賃貸することとしたが，現在でも，合計11.8％の面積が使用されていない。平成16年８月における賃料収入は，合計月額約1,494万円であり，そこから，改修工事に伴う建築保証金を毎月約384万円返済すると，共益費及び管理費の不足額は年間3,576万円であり，敷地を含む固定資産税等約8,208万円，改修工事請負代金の支払額年間8,833万円を控除すると，年間7,297万円の赤字となっている。

　そこで，原告は，本件建物のような商業施設の評価は，収益力，資本効率，運用益から形成されること，その特殊なデザインから，汎用性がないこと，経済不況による賃借料相場の低下の影響を受けていることなどの「特別の事情」があることから，収益還元法によって評価すべきと主張した。

　これに対し判決は，収益還元法は計算が不確実であり，つまりは経済情勢の変化によって当初目論んでいた収益（賃料）の獲得が困難になったというものにすぎず，固定資産税の性質に照らせば，これらをもって再建築費を適切に算出することができないなどの「特別の事情」はないとして原告の訴えを棄却している。

4 本章のまとめ

　第一に，評価庁によって算定された固定資産税評価額が，評価基準に適合していない場合においては，最終的な固定資産税評価額が仮に客観的時価以下であったとしても，その決定は法に反するものとなる（基準適合性）。

　例えば，評価基準制度においては，評価を担当する者の判断は排除できないところであり，経年減点補正率表の適用に当たって，評価対象の家屋の用途が「店舗」か「事務所」かなどといったような判断を必要とする場面がある。

　損耗減点補正においては，どのような場合が「天災，火災その他の事由により経年減点補正率によることが適当でないと認められる場合」に当たるのか，また，どの程度価値の損傷があるのかを判断する必要がある。需給事情による減点補正においても，どのような場合に適用するのかといった判断が必要となる。

　第二に，評価基準が適正に適用されていたとしても，評価基準が定める減点補正を超える減価が存するなど，評価基準が定める方法によっては適正な時価を算定することができない「特別の事情」がある場合には，その決定は法に反するものとなる（基準の一般的合理性）。

　例えば，固定資産税評価額が実際の建築費用を上回っている場合に，その建築費用を時価として採用すべきか，一般的に建築物価水準が下落傾向にある時には，個別のケースにおいて物価水準の変動を考慮すべきか，商業施設や賃貸マンションなどの収益性建物においては，収益性に着目して収益還元法を重視して評価すべき特別の事情が存するか否かといった論点である。

　家屋の評価における「適正な時価」とは，正常な条件の下に成立する取引価格，すなわち，客観的な交換価値をいうものと解されて

いる。その「適正な時価」の具体的な評価方法は，総務省の定める固定資産評価基準によることとされているが，評価基準が適正に運用されていない場合や評価基準による評価が客観的時価を上回る場合には，その限度において，固定資産税評価額は違法なものと解されている。

本章のケースは，必ずしも評価基準によらない評価が行われたものではないが，固定資産評価基準の適用に判断が分かれるケースや固定資産評価基準によるべきでない「特別の事情」があるケースにおいては，固定資産税評価額が誤りとなることを示唆している。

固定資産税評価額が誤りとなるということは，当然に固定資産税評価額を援用している相続税・贈与税の評価においては総則6項の適用による対応が必要になるということである。

第8章
売買実例価額は時価となり得るか

1 売買価額の採否

　売買価額は，相続，遺贈又は贈与の際の「時価」となり得るかという問題を確認しておきたい。

　例えば，相続開始の前後に土地や株式の売買が行われ，それが通達による評価を大きく上回る場合，課税庁により売買価額が時価と認定できるであろうか。また，売買価額が通達による評価を大きく下回る場合，納税者はこの売買価額を相続財産の評価に採用できるであろうか。

　納税者においては，その取引が財産の客観的交換価値を正当に評価した適正な価額により行われた場合には，相続税法22条に定める時価評価を根拠として売買価額による評価を主張することを妨げられない。

　一方，課税庁においては，評価通達の趣旨が，財産の客観的な取引価格を認定することが困難であることから，あらかじめ定められた評価方式によりこれを画一的に評価する方が，財産評価の多様性，課税庁の事務負担の軽減，課税事務の迅速な処理，納税者間の公平，納税者の便宜，徴税費用の節減という見地からみて合理的であるということにより運用されているものであるため，他により高額な取引事例が存するからといって，その価額を採用することはできないと考えることができる。

　ただし，裁判例においては，納税者の主張は採用されることはあまりないが，課税庁による主張が採用される可能性は十分にある（ここには，高額な売買価額が存在することをもとに鑑定評価を行って，その鑑定評価を採用することも含む。）。特に近年，株式においては顕著となっている。

2 土地の評価と売買価額

(1) 適正な売買価額とは

相続税法にいう「時価」とは，「不特定多数の当事者間の自由な取引において通常成立すると認められる取引の価額」すなわち「客観的な交換価値」を意味すると解されている*1。

「不特定多数の当事者間」であることから主観的な要素は排除され，また，「自由な取引が行われる場合に通常成立すると認められる価額」であることから，買い進み，売り急ぎがなかったものとした場合における価額とされている*2。

したがって，財産評価において採用できる売買価額とは，当事者間の主観的事情に影響されず，財産の客観的交換価値を正当に評価したうえで成立した適正な売買実例によるものである。

(2) 納税者の売買価額による主張が採用されなかった事例

さて，相続開始の前後に土地の売買が行われ，それが通達による評価を下回る場合がある。そこで，納税者が土地の評価に売買価額を採用すべきと主張した事例に以下のものがある。争点は，その売買価額が客観的交換価値を示しているか否かである。

＊1　東京地裁平成4年3月11日判決〔税務訴訟資料188号639頁〕，東京地裁平成9年1月23日判決〔税務訴訟資料222号94頁〕など

＊2　不動産鑑定評価基準にいう正常な価格は，市場参加者が売り急ぎ，買い進み等をもたらす特別な動機のないものであり，限定価格，特定価格又は特殊価格は除かれる。なお，限定価格とは，借地権者が底地の併合を目的とする売買や隣接不動産の併合を目的とする売買のように市場が相対的に限定される場合の価格，特定価格とは，証券化対象不動産や民事再生法など法令等による要請を背景とする鑑定評価目的の下で不動産の経済価値を表示する場合の価格，特殊価格とは，文化財の指定を受けた建造物や宗教建築物など一般に市場性を有しない不動産の価格をいう。

① 平成15年6月20日裁決

　　平成15年6月20日裁決〔TAINS・F0-3-131〕においては，評価対象地の通達に基づいた評価額が1億3,347万8,980円であるのに対し，当該土地が相続開始日の1か月後に売却された際の価額が6,600万円であった。

　　相続時の土地の評価にその売買価額を採用することについて，裁決は，本件土地は相続開始日から1か月後に売買予約の覚書を締結した後，売買契約が締結され，それに引き続き他の相続した土地も売買契約が締結されていることから，相続税を納付するために売却したことがうかがわれ，この売買価額が客観的交換価値を示す価額とはいえないと判断している。

② 平成16年4月12日裁決

　　平成16年4月12日裁決〔裁決事例集67巻589頁〕においては，評価対象地の通達に基づいた評価額が5,909万0,416円（1㎡当たり14万9,834円）であるのに対して，審査請求人（納税者）は，相続開始日の1.5年後に売却した際の売却価額5,129万7,677円（1㎡当たり13万0,075円）の7割相当（3,590万8,177円）で評価すべきであると主張した。

　　裁決は，本件土地の近隣に所在する公示価格1㎡当たり19万6,000円などをもとに，本件譲渡単価13万0,075円を基礎として公示価格の変動率を乗じ，本件土地の時価相当額を1㎡当たり15万7,858円と算定した。そして，本件土地の通達に基づく単価14万9,834円は，当該公示価格の変動率に基づく単価15万7,858円を下回っていることが認められるから，相続開始日における時価を上回っているとはいえず，請求人の主張は採用できないと判断している。

③ 平成22年3月8日裁決

　　平成22年3月8日裁決〔TAINS・F0-3-256〕においても，請求人が，相続開始の直後に売却した際の売買価額により本件土

地の評価をすべきとした主張が棄却されている。

　裁決は，本件土地の譲渡に関する事情について，相続人が被相続人から相続した借入金の返済等，同族会社の借入金の返済及び相続税の納付のための資金を捻出することを目的として計画されたこと，各売買当事者が当初から低額の譲渡価額を設定するという意図の下，譲受法人が取得資金の融資を受けた金融機関の評価額に照らしても，著しく低額の譲渡価額を設定してなされた経済的合理性の認められない取引であると認められるから，このような取引に係る譲渡価額を基に算定された価額が本件土地の時価を示すということはできないと述べている。

④　平成23年4月1日裁決

　平成23年4月1日裁決〔裁決事例集83巻900頁〕における評価対象地は，通達に基づいた評価額（未公表）に対し，相続の開始から約3年8か月経過後に行われた売買取引の価額は3,000万円となっている。

　そこで，請求人は，売却金額を時点修正した金額から譲渡費用や所得税等を差し引いた金額2,547万4,608円を評価額とすべきであると主張した。

　これに対し，裁決は，請求人の評価方法は，時点修正を行った譲渡金額から土地の譲渡所得の金額の計算における概算取得費，譲渡費用や所得税等を差し引いた可処分所得金額を評価額とするものであるが，土地の客観的交換価値を把握する評価方法として合理性があるとは認められず，また，当審判所の調査の結果によれば，本件土地に係る売買は，相続開始から約3年8か月も経過した売買であり，本件土地の近隣の公示価格等に照らしても，その価額が客観的交換価値として適正であるとは認められないと判断している。

⑤　平成24年8月16日裁決

　平成24年8月16日裁決〔裁決事例集88巻254頁〕における評価

対象地は，通達に基づいた評価額が1億0,204万2,700円であるのに対し，当該土地が相続開始日の約2か月後に売却された際の価額は6,500万円であった。

裁決は，本件売買は，仲介業者の判断により購入者が不動産業者に限定され，買主法人の申入れ価額のまま契約が成立したものであるところ，相続税法22条に規定する時価とは，「不特定多数の当事者間で自由な取引が行われる場合に通常成立すると認められる価額」（客観的交換価値）を示すものであるから，「特定の者の間で限定的に行われた取引」における価額は，客観的交換価値としての前提を欠くものであると判断している。

⑥　東京地裁平成11年12月17日判決

近隣の土地の売買実例とその土地の路線価の比率を用いて時価を求める方法がある。

例えば，近隣の土地が1㎡当たり100万円で売れたとする。その土地に付された路線価は130万円であるとすれば，売買取引は路線価の約77％の金額で成立したことになる。

その比率を評価対象地の路線価が120万円であるとしてこれに乗じれば，評価対象地の時価は約92万円（＝120万×0.77）と推定することができる。

ただし，この評価方式について東京地裁平成11年12月17日判決〔税務訴訟資料245号930頁〕は，相続財産の評価において，当該方法は不動産鑑定評価基準に則った評価方法ではなく，仮に売買実例による取引価格が当該土地の路線価を下回ることがあっても，その事実をもって，評価対象地についても同じ開差があるとまで推認できないとして採用されていない。

(3)　課税庁の売買価額による主張が採用されなかった事例

次に，課税庁から売買価額を採用すべきと主張した事例として，

平成9年12月11日裁決〔裁決事例集54巻420頁〕がある。

　評価対象地の通達に基づいた評価が16億7,594万6,122円であるのに対し，請求人は不動産鑑定評価額13億9,270万円による評価を主張した。

　原処分庁は，本件土地については課税時期の5か月後に実際に売買された事実があり，当該売買の時期と課税時期との期間が短いことから，その売買価額を時点修正した価額16億0,437万9,280円を時価として採用すべきと主張した。

　これに対し，裁決は，本件土地の価額を，同一の用途地域内の取引事例の価格及び基準地価格をもとに土地価格比準表に基づく格差補正を行って比準価格及び規準価格を求め[*3]，貸家建付地としての減額割合を評価通達に基づくマイナス24％として算定した20億0,418万5,146円とし，これは客観性及び合理性が極めて高いものとなっており，これと異なる原処分庁及び請求人の主張する算定方法は，本件土地の価額の算定方法としては適当ではないからいずれも採用することはできないと判断している。

(4)　課税庁の売買実例による主張が採用された事例

　一方，いわゆるタワマン節税といわれるような，タワーマンションや商業ビルなどの評価において，納税者が，通達（路線価）による評価額と実勢価額に乖離が生じることを利用した結果，相続税や贈与税の負担が軽減されるような場合，納税者間の実質的な租税負担の公平という観点からして看過し難い事態を招くことになるため，通達によらず，被相続人が相続開始前に現実に取得した売買価額（取得価額）によることが相当とされている[*4]。

　また，通達によらない評価の起点となったいわゆるバブル経済の

[*3]　土地価格比準表に基づく格差補正を用いた時価の算出については，第5章（7 国税不服審判所が独自に時価を算出した方法）参照。

[*4]　第2章参照

地価上昇期の売買契約途中の土地の評価においては，路線価方式により評価対象地を評価すると2,018万8,438円であるのに対し，相続開始4か月前に締結された当該土地の売買価額が4,539万7,000円であった。そこで，高裁判決*5においては，被相続人もしくは相続人が相続に近接した時期に取引代金を全額取得しているような場合において，その取引価額が客観的にも相当であると認められ，それが通達による相続税評価額との間に著しい格差を生じているときには，取引価額によることが正当として是認し得る「特別の事情」があるとし，相続財産は「土地」，評価は「取引価額」と認定されたことがあった*6。

3 株式の評価と売買実例

(1) 株式の売買

　取引相場のない株式においても，会社と役員，会社と従業員，会社と取引先会社など，売買取引が行われるケースがある。特に，相続開始後には，相続を原因として経営陣から脱退した株主が経営陣へ株式を売却するなど，利害関係の対立する当事者間における売買がある。

　このような取引において，当事者間の主観的事情に影響されず，株式の客観的交換価値を正当に評価した上で成立した適正な売買実例が存在する場合には，その売買実例における価額をもって適正な時価と評価することは可能であり，評価通達も，そのような適正な

＊5　第一審東京地裁昭和53年9月27日判決〔税務訴訟資料102号551頁〕，控訴審東京高裁昭和56年1月28日判決〔税務訴訟資料116号51頁〕，最高裁昭和61年12月5日判決〔税務訴訟資料154号781頁〕
＊6　本件の最高裁では，売買契約途中に売主が死亡した場合，たとえ土地の所有権が売主に残っているとしても，その実質は売買代金債権を確保するための機能を有するにすぎないものであり，相続税の課税財産となるのは売買残代金債権であり，その評価額は取引価額によるのが相当と判示されている。

売買実例が存在する場合にこれにより株式の評価をすることを排除するものではないと考えられている[*7]。

(2) 納税者の売買価額による主張が採用されなかった事例

　納税者が株式の評価に売買価額を採用すべきと主張した事例として東京地裁平成10年5月29日判決〔税務訴訟資料232号409頁〕がある。

　評価の対象となった本件株式8,000株（持株割合33％）は，通達に基づいて評価すると1株当たり14万2,296円（総額11億3,836万8,000円）である。

　これに対し，原告納税者は，相続開始の7か月後に株式の発行会社へ1株当たり7万8,750円（総額6億3,000万円）で売却していることから，当該売買価額を課税価格とすべきであると主張した。

　判決は，本件売買は，株式発行会社が発行済株式数の3分の1に上る自己株式を一括して買い取るというものであり，同社の資産という点からみれば同会社にとってメリットは特にないものの，同会社の他の株主からみれば，その保有割合を一気に高めるものであるという側面があり，様々な思惑や利害が錯綜し，現実に行われた売買価額がかかる主観的な要素によって影響を受けていることが優に推認されるし，また，本件株式の売却に当たり，原告の代理人は資金繰りに窮しており，多少代金が安くてもこれを売却する必要に迫られていたこと，他方，発行会社は，資金不足等から本件株式を高額で買い取ることはできない状態にあったことが認められるのであり，これらの事情を考慮すると，本件売買には当事者の主観的事情・個人的事情等の要素が強く影響していると認めるほかないと述べている。

＊7　東京地裁平成10年5月29日判決〔税務訴訟資料232号409頁〕

また，本件売買は相続開始の約7か月後に行われたものであるが，その間にバブルの崩壊による地価の急激な下落もあったことからすれば，本件売買価額が相続開始時における当事者間の主観的事情等を離れた客観的な交換価値を反映したものであるとは認められないと判示している。

(3)　課税庁の主張が採用されなかった事例

　相続開始後に通達評価額よりも高額な売買実例があったことから，課税庁が依頼した株式価値算定額を採用すべきと主張した事例として東京地裁令和6年1月18日判決〔TAINS・Z888-2556。第9章参照〕がある。

　本件の被相続人は，相続開始日の約2週間前に買主法人との間で，被相続人が保有する本件株式および被相続人以外の株主が保有する本件株式を取りまとめて1株当たり10万5,068円で譲渡する合意を交わしており，その譲渡前に被相続人の相続が開始したのであるが，相続開始の約1か月後に，相続人がその合意に基づいて買主法人へ合意価格で譲渡した。

　課税庁は，本件株式を通達により評価を行うと1株当たり8,186円（1億7,518万0,400円）となり譲渡価額と10倍以上の差があったため，課税庁はK社に株価算定を依頼し，同社の算定報告額1株当たり8万0,373円（17億2,000万円）を時価として採用すべきと主張した。

　判決においては，財産の価額については，通達の定める画一的な評価を行うことで実質的な租税負担の公平に反するというべき事情がある場合には，合理的な理由があると認められるから，通達の定める方法により評価した価額を上回る価額によるものとすることも平等原則に違反するものではないが，通達評価額と株式算定報告額との間に大きなかい離があるということのみをもって直ちに上記事情があるということはできないと判示している。

(4) 課税庁の主張が採用された事例

① 売買価額を採用したもの

　前述のタワマン節税と同様，相続開始前の借入金による取引相場のない株式の取得が，相続税の負担の軽減を図る目的であるとして，通達によらず取得価額で評価された事例として静岡地裁平成17年1月21日判決〔未公表〕がある。

　本件においては，平成5年1月27日，被相続人が銀行から40億7,715万6,800円を借り入れ，本件株式2万2,400株を40億7,715万6,800円で取得した。

　被相続人は，同年5月23日に死亡し，相続税の計算上，本件株式を通達に基づいて評価を行うと19億1,307万4,000円となり，借入金が相続債務として控除されていた。

　本件株式を相続した相続人は，平成6年8月31日，当該2万2,400株を訴外法人へ42億円で売却し，この売却代金により借入金を全額返済している。

　そこで，被告税務署長は，本件株式の評価は，通達に定められた評価方式を画一的に適用するという形式的な平等を貫くことによってかえって，実質的な租税負担の公平を著しく害することが明らかであるなど通達による方式によらないことが正当と是認されるような特別の事情がある場合に該当するので，取得価額により評価すべきであるとして課税処分を行っている[8]。

② 鑑定評価を採用したもの

　相続開始前の借入金による取引相場のない株式の取得が，相続税の負担を大幅に減少する結果になるとして，通達によらず株式算定報告額で評価された事例として令和4年3月25日裁決〔TAINS・F0－3－863。第9章参照〕がある。

---

[8]　本訴においては，原告が修正申告をしているため評価額の争いとはなっていないが，過少申告加算税が争われている。

被相続人は，相続開始前に，本件株式を1株当たり67円で関連会社へ譲渡し，また，株式発行会社が自己株式として保有していた当該株式を借入金によって1株当たり76円で取得した。

　本件株式を通達により評価を行うと1株当たり18円となり譲渡価額との間に乖離があったため，課税庁は株価算定を依頼し，本件株式は株式算定報告額に基づく1株当たり45円を採用すべきと主張した。

　裁決は，相続開始日において本件株式につき不特定多数の当事者間で自由な取引が行われた場合に，評価通達の定めに基づく評価額1株当たり18円という水準の価額が通常成立すると認めることは困難であり，これを1株当たり18円で評価すると，被相続人が，本件相続の発生を見越して，相続開始直前に購入資金の借入れ及び本件株式の取得をしたことにより，相続税の負担が大幅に減少する結果となることが認められることからすると，本件は，通達の評価方法を画一的に適用するという形式的な平等を貫くことによって，富の再分配機能を通じて経済的平等を実現するという相続税の目的に反し，かえって，相続発生を見越して借入れ及び取得に相当するような行為を行わなかった納税者との間での実質的な租税負担の公平を著しく害することが明らかであるといえるから，他の合理的な評価方法により，本件株式の適正な時価を評価すべき特別の事情があると認められると判断している。

4 みなし贈与における財産の時価

⑴　みなし贈与の「時価」

　これまで述べてきたとおり，相続や贈与（無償による贈与）における評価は，原則として，財産評価基本通達に基づいて行われているのであるが，同じ相続税法において個別的な時価評価を行うケー

スがある。いわゆるみなし贈与である。

みなし贈与とは，個人間において，著しく低い価額の対価で財産の売買がなされた場合に，当該財産の譲渡を受けた者が，その対価と財産の「時価」との差額に相当する金額を贈与によって取得したものとみなすというものである（相法7）。

つまり，個人が，個人から財産の低額譲渡を受けた場合に，対価と時価との差額に贈与税が課せられるということである[9]。

(2) 土地における個別評価

評価通達に基づく土地の評価においては，路線価方式や倍率方式といった画一的な評価基準により，また，評価の安全性を考慮して公示価格の8割水準とされている。

これに対し，みなし贈与における土地の「時価」とは，財産の譲受の事情，当該譲受の対価，当該譲受に係る財産の市場価額，当該財産の相続税評価額などを勘案して社会通念に従い判断すべきものとされ，個別に時価を算出し，対価が著しく低額か否かの判断を行う。

なぜなら，対価を伴う取引（有償譲渡）の場合には，一般の相続や遺贈のような偶発的な無償取得の場合と異なり，自由な取引として当事者が取引の時期等を自由に選択でき，財産の時価を認識した上で双方の合意に基づいて財産の移転ができることから，評価上の安全性に配慮した財産評価基本通達に基づく評価額を適用するのではなく，通常の取引価額（個別の時価）によるものと解されている[10]。

*9　個人間の譲渡は贈与税（みなし贈与）の課税関係となるが，どちらか一方又は双方が法人の場合には，所得税又は法人税の課税関係が生じる。

*10　平成18年5月24日裁決〔裁決事例集71巻473頁〕，東京地裁平成9年11月28日判決〔税務訴訟資料229号898頁〕など。

なお，相続税法関係個別通達「負担付贈与又は対価を伴う取引により取得した土地等及び家屋等に係る評価並びに相続税法第7条及び第9条の規定の適用について（平成元年3月29日付け直資5，直資2−204）」において，負担付贈与又は個人の対価を伴う取引により取得したものの価額は，当該取得時における「通常の取引価額」によって評価すると定められている。いわゆる負担付贈与通達である。

かつての裁判例では，みなし贈与における時価の判断基準として財産評価基本通達による価額が採用されていた。

例えば，東京地裁昭和44年12月25日判決〔税務訴訟資料57号840頁〕においては，納税者が土地を850万円で取得したことに対し，本件土地の価額は少なくとも通達に基づく評価額1,744万4,190円を下らないものであるため低額譲渡にあたると認定された。東京高裁平成10年5月28日判決〔税務訴訟資料232号353頁〕においては，取得価額6億1,000万円に対し，通達に基づく評価額12億2,056万8,384円，平成14年3月28日裁決〔裁決事例集63巻508頁〕においては取得価額600万円に対し通達に基づく評価額1,821万円を時価とみなして低額譲渡を認定している。

一方，近年では，時価として公示価格をもとに評価した価額や不動産鑑定評価が採用されている。

国税不服審判所が近隣の公示価格と土地価格比準表に基づく格差補正を用いて時価を算出した事例として平成13年4月27日裁決〔裁決事例集61巻533頁〕，平成15年6月19日裁決〔裁決事例集65巻576頁〕がある*11。

また，課税庁が不動産鑑定評価額を時価として主張した事例として東京地裁平成19年8月23日判決〔税務訴訟資料257号順号10763〕がある。

なお，実務においては，路線価が時価の8割水準とされていることから，通達に基づく評価額を0.8で割り戻した価額を個別の時価とみなすことで簡易的に時価を推定することができる。

(3) 株式における通達評価

次に，株式の評価である。相続や贈与における株式の評価は，財産評価基本通達に基づき，類似業種比準方式や純資産価額方式，配

---

*11　前掲*3

当還元方式といった画一的な評価基準により行われている[*12]。

　株式においては，対価を伴うみなし贈与の場合においても，土地の場合と異なりいわゆる負担付き贈与通達の適用もないことから，原則として財産評価基本通達による価額が採用されている[*13]。

　例えば，みなし贈与に当たるか否かが争点となった事例において，通達に定める評価方式によらないことが正当と是認されるような特別の事情のない限り，財産評価基本通達により定められた合理的方法による評価額と同額か，それを上回る譲渡は低額譲渡に該当しないと解されている[*14]。

　そこで，課税庁から売買価額を採用すべきと主張した事例として，東京地裁平成17年10月12日判決〔税務訴訟資料255号順号10156〕がある。

　本件では，平成７年に個人（原告）が，取引先である評価会社の取締役会長から同社の株式63万株を買い受けた価額（１株当たり100円）が個人間の低額譲渡に該当するか否かが争われた。

　被告税務署長は，本件株式を配当還元方式によって算定することは極めて不合理であり，通達によらない「特別の事情」があるとして，売主が平成６年中に行っている売買実例５件の平均額から一株当たり785円を時価とし，当該時価と取得価額の差額が低額譲渡に該当するとして課税処分を行った

　これに対し原告は，通達に定める株主区分によると同族株主以外

---

*12　通達による評価方法では，評価の安全性として，例えば，上場株式の以前３か月間の評価上の斟酌，類似業種比準方式における斟酌（大会社0.7中会社0.6小会社0.5），純資産価額方式における法人税額等相当額の控除，純資産価額方式における小会社の50％以下の株主における20％減価が行われている。

*13　国税庁タックスアンサー「No.4423 個人から著しく低い価額で財産を譲り受けたとき」において，時価とは，その財産が土地や借地権などである場合及び家屋や構築物などである場合には通常の取引価額に相当する金額を，それら以外の財産である場合には相続税評価額をいうものと記載されている。

*14　東京地裁平成７年４月27日判決〔税務訴訟資料209号285頁〕，東京地裁平成17年10月12日判決〔税務訴訟資料255号順号9885〕，東京地裁平成19年１月31日判決〔税務訴訟資料257号順号10622〕

の株主等（評価通達188）に当たることから，当該株式は配当還元方式により1株当たり75円と評価され，売買価額100円は低額譲渡に該当しないと主張した。

判決は，原告は，譲渡人及びその親族らのような同族株主とは異なり，会社に対する直接の支配力を有さず，当面，配当を受領すること以外に直接の経済的利益を享受することのない少数株主であり，その取得及び保有する株式の評価につき，通達の定める配当還元方式が本来的に適用されるべき株主に該当するものというべきとし，これにより算出される本件株式の価額は1株当たり75円と認められ，これを上回る1株当たり100円の対価で行われた本件売買取引は低額譲渡に該当しないと判示している。

なお，被告税務署長は，売買実例が客観的交換価値を適正に反映しており，配当還元方式によった場合には著しく低額に算定されることとなって不当であり，このこと自体が通達によるべきでない特別の事情と主張する。

これに対し判決は，取引相場のない株式については，その客観的な取引価格を認定することが困難であるところから，通達においてその価格算定方法を定め，画一的な評価をしようというのが評価通達の趣旨であることから，他により高額の取引事例が存するからといって，その価額を採用することはできないと述べている。

また，被告税務署長は，評価会社は大企業であり，年平均約20％の利益配当を行っているのであり，当時の定期預金の利回りが1.135％，原告の借入金の金利が1.43％であることから高い資本還元率10％が設定されている評価通達どおり配当還元方式で算定することは考えられないと主張する。

これに対し判決は，評価会社に適用すべき最も適切な資本還元率を個別に設定することは極めて困難なことであって，そのためにこそ，課税実務上は，一律に10％（評価通達188－2）という基準を設定しているものと解されるのであるから，10％の資本還元率を用

いることが直ちに経済的合理性を欠くものということはできないと
述べている。

5 本章のまとめ

　相続や贈与における財産評価は，実務上，評価通達に基づいて運
用が行われている。

　例外として，課税時期の前後に財産の売買取引があり，その価額
が当事者間の主観的事情に影響されず，財産の客観的交換価値を正
当に評価したうえで成立した適正な売買価額が存在する場合には，
当該売買価額を課税価格とすることが可能である。

　ただし，本章で述べてきたとおり，売買取引が相続税の納付のた
めであったり，特殊関係者間であったりなどの事情が介在し，実際
に主観的な要素を排除した客観的交換価値を正当に評価した適正な
売買価額を認定することは極めて困難といえる。

　取引相場のない株式の評価に至っては，市場性に乏しいことや，
不動産鑑定評価基準といったような確立された評価基準がないとい
うこともあり，みなし贈与の局面においても評価通達に委ねられて
いる。

　そのような背景の中で，課税時期の前後において，たまたま他に
より高額な取引事例が存するからといって，課税庁によってその価
額を採用することはできないと解すべきであろう。

　なお，通達に定められた評価方式を画一的に適用するという形式
的な平等を貫くことによってかえって，実質的な租税負担の公平を
著しく害することになるなど，通達による方式によらないことが正
当と是認されるような特別の事情がある場合には取得価額などによ
り評価すべきものと解されることに留意が必要である。

　また，課税物件が土地や株式であれば，原則は評価通達によるこ
ととなるが，そもそも財産の種類が土地・株式ではなく，売買契約

途中の土地における残代金請求権や買戻権が付されている株式にお
ける買戻請求権といったような債権となれば話は別であり債権金額
で評価されることも留意する必要がある。

第 9 章

株式鑑定は時価となり得るか

1 総則6項と株式鑑定

(1) 総則6項と株式鑑定

　従来，総則6項は，納税者が通達による評価額と実勢価額との開差を利用することによって租税回避を意図した場合には，納税者間の実質的な租税負担の公平という観点からして看過し難い事態を招くことになるとして通達によらない評価が相当とされてきた。

　また，土地の評価に関しては，通達に定める画一的な評価基準を適用することによって，適正な評価を行うことができずに時価を超える結果となってしまう場合には，不動産鑑定評価など他に合理性を有する評価方法によることが相当とされてきた。

　ただし，取引相場のない株式の評価に関しては，これまで株式鑑定が採用された相続税・贈与税の事例が見当たらなかったが*1，近年，相続財産の評価において株式鑑定が採用された事例があるため確認しておきたい。

＊1　東京地裁平成10年10月30日判決〔税務訴訟資料238号1042頁〕においては，取引相場のない株式の鑑定の適否が検討されている。
　　評価の対象となった株式は土地保有特定会社に該当し（評価通達189－4），納税者は，土地保有特定会社が純資産価額方式のみにより評価されることに対して，類似業種比準価額，類似会社比準価額，取引事例と比較しても著しく高額となると主張した。
　　なお，本件株式については鑑定が行われており，鑑定結果では純資産価額法と類似業種比準法が併用されているが，純資産価額法の算定にあたって法人税額等相当額を控除しなかった場合では，通達による評価額よりも高額となっている。
　　当該鑑定について判決は，収益を考慮する方法として類似業種比準法を併用するにしても，配当と値上り益を期待して投資される一般投資家の保有する株式にしか適用できないこの方式による評価の割合を純資産価額法と等しく扱う根拠は明らかでなく，また，継続会社の時価の評定においては，純資産価額法における評価差額に対する法人税額等相当額を控除する必要性について疑義があり，鑑定人もこれを不要とするのであるから，当該鑑定における評価額をもって本件株式の評価を違法とすることはできないと判示している。

(2) 鑑定の採否が争われた2つの事例

　取引相場のない株式に鑑定評価の採否が争点となった事例として，令和4年3月25日裁決と東京地裁令和6年1月18日判決がある。

　両事例とも，課税時期の前後に相続株式の売買があり，その売買価額と通達による評価額との間に著しい乖離があったことから，課税庁が株式鑑定を依頼したものである。

　なお，令和4年裁決においては，被相続人が生前に当該株式を借入金73億によって取得し，相続時点で当該株式を通達により評価し，借入金を債務控除することで，債務超過額が生まれ，納税者間の実質的な課税の公平を著しく害するものとされている。

　一方，令和6年判決においては，納税者において租税回避行為はなく，単純に売買価額と通達による評価額に乖離があることが問題とされている点で相違する。

2 株式鑑定が採用された事例

(1) 事案の内容

　令和4年3月25日裁決〔TAINS・F0－3－863〕は，審査請求人が，相続により取得した取引相場のない株式を評価通達に定める方法により評価したところ，原処分庁が，当該株式の価額は，通達の定めによって評価することが著しく不適当と認められるとして，株式鑑定による課税処分が行われた事案である。

　被相続人は，相続開始前に，当該株式を1株当たり67円で関連会社へ譲渡し，また，株式発行会社が自己株式として保有していた当該株式を借入金によって1株当たり76円で取得している。

　ところが，本件株式を通達により評価を行うと1株当たり18円（単価については報道による。以下※印において同じ。）となり譲渡

価額との間に乖離があったため，課税庁は株価算定を依頼し，株式算定報告額1株当たり45円※が採用されたというものである*2。

(2) 事実の概要

本件の事実の概要は，以下のとおりである。

㈤ 被相続人は，平成26年〇月〇日（非公開）に死亡し，相続が開始した。

㈹ 相続人は，被相続人の子である甲（以下「本件長男」という。）及び乙，本件長男の子であり被相続人の養子である審査請求人並びに被相続人の孫である丙の4名である。

㈥ 争点となる株式（以下「本件株式」という。）の発行会社（以下「本件会社」という。）は，A社，B社及びC社を株式移転完全子会社とする株式移転（以下「本件株式移転」という。）により設立された法人である。A社の代表取締役でありB社及びC社の取締役であった被相続人は，本件株式移転に伴い，本件株式2億4,812万8,710株を取得した。

㈡ 被相続人は，平成25年8月3日，上記で取得した本件株式のうち，2,400万株を，1株当たり67円，総額16億0,800万円で本件会社の関係会社に譲渡した（以下，この譲渡を「本件譲渡」という。）。

㈫ 被相続人は，73億円を借り入れ（以下，この借入れを「本件借入れ」という。），翌日，そのほぼ全額を充当する形で，本件会社が自己株式として保有していた本件株式9,578万0,328株を，1株当たり76円，総額72億7,930万4,928円で本件会社から取得した

---

*2 報道によると，教育系出版社の創業者の相続税申告において，遺族による相続財産100億円の申告漏れが指摘されたとのことである。創業者は平成26年に死亡し，遺族は同氏が所有していた取引相場のない株式を「財産評価基本通達」に基づいて1株あたり18円で申告したことに対し，名古屋国税局は「通達通りに評価すると極端に低額となり著しく不適当」として，第三者機関に株式鑑定を依頼し，最終的に1株45円程度と認定した。遺族は「申告は適正だった」として，課税の取り消しを求めて名古屋国税不服審判所に審査請求している（朝日新聞令和元年6月25日夕刊）。

（以下，この取得を「本件取得」という。）。

㈥　被相続人は，上記の各取引の結果，相続開始日において本件会
社の総株式数10億3,203万2,352株のうち3億7,617万0,184株（以下，
「本件相続株式」という。）を保有している。

㈦　平成25年に設立された本件会社は，相続開始日において，開業
後3年未満であったため，特定の評価会社に該当する。

㈧　本件長男は，平成28年4月7日，○○銀行から65億円を借り入
れるとともに，同月8日，本件長男が保有する本件株式8,552万
6,316株を対象とする質権設定契約（以下「本件質権設定契約」
という。）を締結した。

㈨　請求人は，本件相続株式について，特定の評価会社の株式に関
する定めに従い，純資産価額方式により，評価額を1株当たり18
円※，総額○○円と算出する一方で，本件借入れに係る73億円の
債務全額を控除して本件相続に係る相続税の申告書を法定申告期
限までに提出した。

㈩　本件会社は，設立時に取得した3社のほか，4社の株式をいず
れも100％保有しており，当該7社のうち大会社である2社の株
式（以下「本件2銘柄株式」という。）については類似業種比準
方式，その余に純資産価額方式をそれぞれ適用した。

●別表2 本件7銘柄株式の評価方式と価額

(単位:株，円)

順号	本件7銘柄株式		当初申告			本件株式移転（平成25年5月）			本件取得		
	会社名	株数	評価方式	単価	総額	評価方式	単価	総額	評価方式	単価	総額
①	○○	33,867,205	類似業種比準方式	78	2,641,641,990	時価純資産価額法	1,034	35,018,589,970	時価純資産価額法	1,046	35,425,096,430
②	○○	35,011,148	類似業種比準方式	174	6,091,939,752	時価純資産価額法	916	32,070,211,568	時価純資産価額法	941	32,945,490,268
③	○○	1,000	純資産価額方式	1,752,319	1,752,319,000	時価純資産価額法	1	1,000	時価純資産価額法	1,531,728	1,531,728,000
④	○○	90	純資産価額方式	111,100	9,999,000	－	－	－	時価純資産価額法	111,079	9,997,110
⑤	○○	90	純資産価額方式	2,783,622	250,525,980	－	－	－	時価純資産価額法	2,754,770	247,929,300
⑥	○○	90	純資産価額方式	13,981,166	1,258,304,940	－	－	－	時価純資産価額法	20,157,350	1,814,161,500
⑦	○○	90	純資産価額方式	0	0	－	－	－	時価純資産価額法	0	0

(ル) 原処分庁は，本件株式については，本件譲渡時や本件取得時における1株当たりの単価と評価通達に基づき算出された単価との間には著しい乖離が認められることなどから，評価通達に定める評価方法を形式的に適用することが著しく不適当と認められる特別の事情があると認められたため，評価通達6により，国税庁長官の指示を受けて評価すると，1株当たり○○円，総額○○円となるとして更正処分及び過少申告加算税の賦課決定処分（以下，あわせて「本件各処分」という。）を行った。

(ヲ) 本件各処分に当たり，原処分庁の依頼により，○○社が平成30年3月1日付で作成した株式価値算定報告書では，本件会社及び本件会社が直接又は間接に保有するグループ会社の株式価値を算

定の上，本件会社の株式価値算定結果として，〇〇円が推計株式価値とされている。

(ワ)　請求人は，本件各処分を不服として，再調査の請求をしたところ，再調査決定に当たり，〇〇社が平成31年4月10日付で作成した株式価値算定報告書では，株式価値算定結果として1株当たり45円※が推計株式価値とされている。この推計株式価値の算定経緯は，①DCF法（企業によって生み出される将来のキャッシュフローを，想定割引率を用いて現在価値に割り引いて株式価値を算定する手法），②類似会社比準法（上場会社の中から，評価対象会社と事業内容，事業規模，収益の状況等が類似する会社を複数選定し，それら類似会社の株式時価総額や事業価値に対する財務指標の倍率を算定し，当該倍率を評価対象会社の財務指標に乗じて価値の推計を行う手法）及び③修正簿価純資産法（貸借対照表上の純資産額を基礎に株式価値を算定する純資産法の一つであり，資産及び負債を時価の判明するものについては時価に評価替えを行い，その評価替え後の資産と負債の差額である含み損益を反映させた純資産額によって株式価値を評価する手法）による各評価額を算定した上で，各手法ともに限定的な情報の下での実施であること，各手法がそれぞれの長所・短所を相互に補完する関係にあることを考慮し，各手法による評価額の平均値を採用したとされている。

(3)　当事者の主張

　請求人は，原処分庁が指摘する本件株式移転等に係る取引価格としての本件株式の価格（本件譲渡においては1株当たり67円，本件取得においては1株当たり76円）は，同族関係者間の所得税又は法人税の問題が生じないよう，純資産価額方式によって評価した額であって，本件株式の客観的交換価値を示すものではなく，それをもって価格差があるとするのは誤りであると主張した。

これに対し原処分庁は，本件株式移転及び本件譲渡における取引価格等の各単価である1株当たり67円と，本件取得及び本件質権設定契約における各単価である1株当たり76円を前提に，本件株式の価格をそれぞれ算定すると評価通達の定めによる評価額との差額は著しい乖離が認められることから，評価通達に定める評価方法によらないことが相当と認められる特別の事情があると主張した。

(4)　審判所の判断

①　認定事実

　基礎事実等，請求人提出資料，原処分関係資料並びに当審判所の調査及び審理の結果によれば，次の事実が認められる。

(イ)　被相続人は，平成25年5月，本件株式移転に伴い，本件株式2億4,812万8,710株を取得した。この取得によって，被相続人は，本件会社の株主の中で最も多い26.5％の議決権を有することとなった。

(ロ)　本件株式移転においては，本件株式移転後に完全子会社となるA社，B社及びC社の株式の価額を，時価純資産価額法（貸借対照表の資産負債を時価で評価し直して純資産価額を算出する方法）を用いて算出し，これらを合算することにより，本件会社の時価純資産総額（想定）を670億8,890万2,538円と算出し，これを発行済株式総数（想定）10億株で除し，本件会社の株式の価額を1株当たり（想定）67円と導き出して，完全子会社となる3社と本件会社との間の株式移転比率を算出していた。

(ハ)　被相続人は，本件株式移転の約3か月後に当たる平成25年8月，本件株式2,400万株を譲渡した（本件譲渡）。本件譲渡における本件株式の1株当たりの価額は67円であった。

(ニ)　被相続人は，73億円を借り入れ（本件借入れ），翌日，そのほぼ全額を充当する形で，本件株式9,578万0,328株を，1株当たり76円，総額72億7,930万4,928円で取得した（本件取得）。本件取得

における本件株式の上記価額は，上記と同じ時価純資産価額法によって算定されたものであり，本件会社の時価純資産総額を719億6,929万6,106円と算出し，これを発行済株式総数9億3,625万2,024株で除し，1株当たり76円と算出したものである。

(ホ)　被相続人は，平成26年○○月○○日に死亡し，本件相続が開始した。

(ヘ)　請求人は，相続税の申告書において，本件相続株式を評価通達に定める純資産価額方式により評価し，本件会社が保有する本件2銘柄株式については，類似業種比準方式を適用して1株当たり18円※，総額○○円と算出する一方で，本件借入れに係る債務73億円を控除した。

②　特別の事情の存否について

被相続人は，本件株式移転，本件譲渡及び本件取得のいずれの際も，大会社の株式である本件2銘柄株式にも時価純資産価額法を用いて算定された1株当たり67円又は76円という価額で，本件株式を取引してきたものであり，本件長男もまた，65億円の借入れに対し，本件株式8,552万6,316株を質入れしており，1株当たり76円という価額を前提として，本件質権設定契約を締結しているものと認められる。

ところが，評価通達に定める評価方法に従って本件2銘柄株式の価額を類似業種比準方式を適用して算出すると，本件株式移転や本件取得における価額を大きく下回り，その結果，本件株式の純資産価額も，1株当たり18円※となる。

類似業種比準方式を大会社に適用するのが一般に合理的であるのは，大会社の株式が，必ずしも常に会社の総資産価値の割合相当額で取引されるわけではないからである。しかし，本件で問題になるのは，本件2銘柄株式自体を取引した場合の価額ではなく，本件2銘柄株式を財産として所有する本件会社の純資産価額である。そして，本件会社が本件2銘柄株式を100％保有し，割合的持分を超え

て会社全体を財産として保有していたことからすると，本件株式について，不特定多数の当事者間で自由な取引が行われる場合に，本件2銘柄株式についても純資産の価値を反映させた価額を基に取引が成立することは，極めて自然で合理的なことというべきである。そうすると，本件相続開始日において，上記のような取引が行われた場合には，本件2銘柄株式を類似業種比準方式により評価した1株当たり18円※より相当高い水準の価額が成立するのが通常と推認するのが自然で合理的であって，逆に1株当たり18円※という水準の価額が通常成立すると認めることは困難である。

　また，本件借入れは，本件取得の前日に行われ，これによる借入金のほぼ全額が本件取得に充てられたことから，本件取得のために行われたことが明らかである。そして，本件借入れ及び本件取得は，高齢に達した被相続人が遺留分対策等のために行われたものとされている。これらのことからすれば，本件借入れ及び本件取得は，少なくとも本件相続が近い将来発生することを見越して行われたものであることが明らかである。

　上記のとおり，相続開始日において本件株式につき不特定多数の当事者間で自由な取引が行われた場合に，評価通達の定めに基づく評価額1株当たり18円※という水準の価額が通常成立すると認めることは困難であり，これを1株当たり18円※で評価すると，被相続人が，本件相続の発生を見越して，相続開始直前に本件借入れ及び本件取得をしたことにより，請求人らの相続税の負担が大幅に減少する結果となることが認められる。

　以上のことからすると，本件は，評価通達の評価方法を画一的に適用するという形式的な平等を貫くことによって，富の再分配機能を通じて経済的平等を実現するという相続税の目的に反し，かえって，相続発生を見越して本件借入れ及び本件取得に相当するような行為を行わなかった納税者との間での実質的な租税負担の公平を著しく害することが明らかであるといえるから，他の合理的な評価方

法により，本件相続株式の適正な時価を評価すべき特別の事情があると認められる。

③　本件株式の時価について

　以上のとおり，本件相続株式については，他の合理的な評価方法により相続開始日における適正な時価を算出する必要があるところ，当該時価については，再調査決定において，株式価値算定報告書に基づいて1株当たり45円※とされ，原処分の一部取消しがされている。そうすると，具体的には，株式価値算定報告書の評価額が，その評価方法において合理的なものであり，相続開始日の時価を上回るものではないかが問題となる。

　ところで，我が国においては，本件株式のような非上場会社の株式評価に関し，日本公認会計士協会が本件ガイドラインを作成しており，これがM&Aや事業再編成等の取引や，会社法に基づき裁判所が株式価格を決定する際等に，広く用いられていることは公知である。本件ガイドラインは，企業価値を評価する方法を，①インカム・アプローチ，②マーケット・アプローチ及び③ネットアセット・アプローチの3つに大別し，各方法を次のAないしCのとおり評価している。

A　インカム・アプローチ

　インカム・アプローチとは，評価対象会社から期待される利益やキャッシュフローに基づいて評価する方法で，将来の収益獲得能力や固有の性質を評価結果に反映させる点で優れているものの，事業計画等の将来情報に対する恣意性の排除が難しいことも多く，客観性が問題となるケースもある。

B　マーケット・アプローチ

　マーケット・アプローチとは，評価対象会社と類似する会社，事業ないし取引事例と比較することによって相対的に価値を評価する方法であり，市場での取引環境の反映など一定の客観性に優れているが，そもそも類似する上場会社が無いようなケースでは評価が困

難である。

C　ネットアセット・アプローチ

　ネットアセット・アプローチとは，帳簿上の純資産を基礎として，一定の時価評価等に基づく修正を行う評価方法である。本来，株式は，会社資産に対する割合的持分としての性質を有し，会社の有する総資産価値の割合的支配権を表象したものであり，株主は，株式を保有することによって会社財産を間接的に保有するものであることに加え，当該株式の理論的・客観的な価値は，会社の総資産の価額を発行済株式総数で除したものと考えられることから，評価対象会社の貸借対照表の資産負債を時価で評価して得られる時価純資産額に基づき1株当たりの時価純資産額を算出するネットアセット・アプローチは，取引相場のない株式の原則的な評価方法といえる。しかし，ネットアセット・アプローチは，帳簿作成が適正で時価等の情報が取りやすい状況であれば，客観性に優れていることが期待されるものの，のれん等が適正に計上されていない場合には，将来の収益能力の反映や，市場での取引環境の反映は難しい。

　そして，本件ガイドラインは，上記3つの評価方法は，いずれも優れた点と問題点とを有しており，また，同時にそれぞれの評価方法が相互に問題点を補完する関係にあるとし，評価対象会社をインカム・アプローチ，マーケット・アプローチ及びネットアセット・アプローチのそれぞれの視点から把握し，当該会社の動態的な価値や静態的な価値について多面的に分析し，偏った視点のみからの価値算定にならないように留意しつつ，それぞれの評価結果を比較・検討しながら最終的に総合評価するのが実務上一般的であるとしている。

　以上を踏まえ，株式価値算定報告書の評価方法について具体的にみると，①DCF法，②類似会社比準法及び③修正簿価純資産法による各評価額を算定しているところ，上記各手法は，それぞれ順次，本件ガイドラインが①インカム・アプローチ，②マーケット・アプ

ローチ及び③ネットアセット・アプローチの例に挙げる手法である。また，上記算定をした上で，各手法ともに限定的な情報の下での実施であること，各手法がそれぞれの長所・短所を相互に補完する関係にあることを考慮し，各手法の算定結果の平均値を採用したものであるから，その評価方法は，正に本件ガイドラインにおいて実務上一般的とされている評価方法に則ったものというべきである。

また，株式価値算定報告書が前提とした事実に誤りがあるとは認められず，その推論の過程にも本件ガイドラインに照らして不合理な点は見当たらない。加えて，修正簿価純資産法により算定した評価額は，1株当たり○○円であるから，取引当事者が時価純資産価額法により算定し取引に用いた1株67円又は76円より相当低い水準となっており，これとDCF法及び類似会社比準法による各評価額との総合評価によって，最終的な評価額は1株当たり○○円とさらに低い水準に抑えられているものである。

以上の諸事情を総合すると，株式価値算定報告書に基づいて算出された本件相続株式について，1株当たり45円※，総額○○円という評価額は，合理的な評価方法により控えめに算定されたものであり，本件相続株式について，不特定多数の当事者間で自由な取引が行われた場合に，これを上回る価額が成立する可能性はあるとしても，これを下回る価額が通常成立すると認めることは困難であるから，時価を上回るものではないと認められる。

3 株式鑑定が採用されなかった事例

(1) 事案の内容

東京地裁令和6年1月18日判決〔TAINS・Z888－2556〕は，原告が，相続により取得した取引相場のない株式を評価通達に従って評

価して申告をしたところ，被告税務署長が，通達により評価することが著しく不適当と認められるとして，株式会社Ｃ社（以下「Ｃ社」という。）の株式価値算定額により相続税の更正処分を行った事案である。

本件の被相続人は，相続開始日の約2週間前に訴外法人との間で，被相続人が保有するＡ社株式及び被相続人以外の株主が保有するＡ社株式を取りまとめて，63億0,408万円（1株当たり10万5,068円）で譲渡する合意を交わしていた。

その譲渡前に被相続人の相続が開始したのであるが，相続開始の約1か月後に，相続人がその合意に基づいて訴外法人へ合意価格で譲渡した。

ところが，本件株式を通達により評価を行うと1億7,518万0,400円（1株当たり8,186円）となり譲渡価額と10倍以上の差があったため，課税庁はＣ社に株価算定を依頼し，同社の算定報告額17億2,000万円（1株当たり8万0,373円）によって課税処分が行われたというものである。

なお，裁決においては，通達評価額は算定報告額等との間に著しい乖離があり，相続開始時の客観的交換価値を示しているものとみることはできないとして算定報告額が採用されたが，地裁判決では，本件は通達評価額によって評価すべきであり，評価通達6項を適用して算定報告額により評価した課税処分は平等原則という観点から違法であるとされている（現在，控訴中である。）。

(2) 事実の概要

本件の事実の概要は，以下のとおりである。

(イ)　被相続人は，同人が代表取締役を務める株式会社Ａ（以下「Ａ社」という。）の取引相場のない株式21,400株を所有していた。

(ロ)　Ａ社の発行済株式の総数は60,000株であり，1株につき1個の議決権を有する。Ａ社の定款には，株式を譲渡するには取締役会

の承認を受けなければならないとの定めがある。

(ハ)　A社は，薬局の経営等を目的とする株式会社であり，評価通達178に定める大会社に該当する。

(ニ)　平成26年1月16日，被相続人は，株式会社B（以下「B社」という。）との間で，A社の売却・資本提携等を前提とする協議を進めるに当たり，相互に開示される情報の秘密保持契約を締結した。

(ホ)　平成26年5月29日，被相続人は，B社に対して，(A)平成26年7月14日に被相続人が保有する21,400株を譲渡すること，(B)被相続人以外の株主が保有するA社の株式38,600株を平成26年7月14日までに取りまとめ又は買い集めた上で譲渡すること，(C)株式の譲渡価格を63億0,408万円（1株当たり10万5,068円。以下「本件基本合意価格」という。）とすることなどを定めた基本合意書（以下「本件基本合意書」といい，本件基本合意書に係る合意を「本件基本合意」という。）を締結した。

(ヘ)　平成26年6月11日，被相続人が死亡した。

(ト)　本件相続に係る共同相続人は，被相続人の妻M，子である原告K及び同Hの3名である。

(チ)　相続開始後，相続人Mは，B社との間でA社株式を譲渡することについて引き続き交渉を行った。

(リ)　平成26年7月8日，A社の取締役会において，相続人M以外の全ての株主がその所有する株式の全部を同年7月14日を譲渡予定日として相続人Mに譲渡すること及び相続人Mがその所有する株式の全部をB社に譲渡することが承認された。

(ヌ)　同日，相続人M及びB社は，A社の発行済株式の全部（60,000株）を売買する契約（以下「本件株式譲渡契約」という。）を締結した。譲渡価格は本件基本合意価格と同じく63億0,408万円（1株当たり10万5,068円。以下「本件株式譲渡価格」という。）と定められた。

(ル)　相続人は，相続税の申告に際して，本件株式の価額を財産評価

基本通達に定める類似業種比準価額により総額1億7,518万0,400円（1株当たり8,186円）と算定し，法定申告期限までに申告した。

(ヲ) これに対し被告税務署長は，本件株式の価額を評価通達6の定めにより国税庁長官の指示に基づき算定し，被告の依頼によるC社の株式価値算定報告の平均値17億2,000万円（1株当たり8万0,373円。以下「本件算定報告額」という。）により課税処分を行った。

(3) 株式算定報告の要旨

C社の算定報告では，株式価値の算定結果を，以下のことから，株主価値（4,440百万円から5,206百万円）における発行済株式総数に対する割合35.7％分（1,584百万円から1,857百万円）の平均値1,720百万円とした。

本件算定報告額の要旨

1 算定の対象となった事項

(1) 対象会社及び対象株式

対象会社はA社とし，対象株式は本件相続株式とする。

(2) 価格時点

平成26年6月11日

(3) 算定基準日

算定基準日はA社の直前の決算期末日である平成25年9月30日とした。

すなわち，分析対象とする貸借対照表の日と財務予測の起点は平成25年9月30日とした。

(4) 株式価値の定義

不特定多数の当事者間で自由な取引が行われる場合に通常成立すると認められる価額。ただし，買手が享受するシナジー効果は含まないスタンドアローン価額とした。

2　算定手法の選定

　　非上場会社株式の算定を行う場合には，①対象会社の特性
を考慮して株主価値の分析をし，次に，②対象株式の特性を
考慮して対象株式の価値を分析するというプロセスによるこ
ととした上で，①の手法は，ⅰインカム・アプローチ，ⅱマ
ーケット・アプローチ，ⅲネットアセット・アプローチに大
別され，ⅰのDCF法（ディスカウンテッド・キャッシュフ
ロー法），ⅱの株価倍率法及び取引事例法を採用・検討した。

3　株主価値分析
（1）　財務予測の検討

　　　A社の平成22年9月期から平成25年9月期の収支や運転
資本等の実績を基に，A社の平成26年9月期1年の財務予
測を推計し，算定の基礎とした。

（2）　ガイドラインカンパニーの検討

　　　A社と類似した事業を営む上場企業をガイドラインカン
パニーとして選定した。選定は，SPEEDAの業界分類が
「調剤薬局」に該当するもの，時価総額1,000億円以下，調
剤薬局事業の売上比率が70％以上という基準に従って行い，
その結果，Bホールディングスほか7社が選定された。

（3）　DCF法による株主価値の分析

　　　以下の結果，DCF法による株主価値を，4,440百万円か
ら5,206百万円と分析した。

　　イ　平成26年9月期の予測FCF（フリー・キャッシュフ
ロー）

　　　　EBIAT（税引後金融収支前利益）＋減価償却費－設備
投資±運転資本の増減

　　ロ　割引率

　　　　WACC〔加重平均資本コスト。株主資本コスト×株主

資本比率（使用総資本に占める株主資本の割合）＋負債コスト×有利子負債比率（使用総資本に占める有利子負債の割合）〕を用いた。また，株主資本比率及び純有利子負債比率の設定の際，ガイドラインカンパニーのうち，ROA（純資産利益率）の水準が3.5％以上の企業を参考にした。

　ハ　残存価値

　　継続価値の算定にはPA（Perpetuity Assumption）法を用いた。

　　継続価値＝継続可能FCF／（割引率－継続成長率）

　ニ　株主価値

　　予測FCF及び残存価値に対して割引率を当てはめることにより計算された現在価値の合計値に，平成25年9月期における現預金残高，有利子負債，退職給付引当金，未払法人税等の残高を加減算して，株主価値を4,796百万円と分析した。

　ホ　株主価値の感応度分析

　　将来予測の不確実性等（売上げの増加・減少，コスト構造の悪化・改善等）を考慮する目的で，割引率及び継続成長率について，これらが変動した場合の株主価値に対する感度分析を行い，分析レンジとしてそれぞれ±0.25％を設定した。

(4)　株価倍率法による株主価値の分析

　以下の結果，株価倍率法による株主価値を，3,564百万円から5,078百万円と分析した。

　イ　倍率の選定

　　ガイドラインカンパニーのうち，ROAの水準が3.5％以上の企業の営業利益倍率及びEBITDA（税引前償却前金融収支前利益）倍率を選定した。

ロ　株主価値

　　　　対象会社の財務数値に倍率を乗じ算出した値に，平成
　　25年9月期における現預金残高，有利子負債の残高を加
　　減算し，さらに，価格時点以前1年間の上場会社を対象
　　とした買収事例を参考に，コントロールプレミアム相当
　　（30％から35％）を加味した。

(5)　取引事例法による株主価値の分析

　　　以下の結果，取引事例法による株主価値を，4,672百万
　　円から6,769百万円と分析した。

　　イ　取引事例の選定

　　　　Mergermarketにおいて平成23年1月1日から平成26
　　年6月11日までに公表された取引事例から，被買収企業
　　の主たる事業内容が調剤薬局の経営，買手企業の主たる
　　事業内容が調剤薬局又は医薬品卸，取引後の買手企業の
　　持分が50％を超えているものを選定した。

　　ロ　株主価値

　　　　取引事例の営業利益倍率，EBITDA倍率，経常利益倍
　　率の中央値をA社の財務数値の平成26年9月期の実績
　　値に乗じた値に，平成25年9月期における現預金残高，
　　有利子負債の残高を加減算した。

(6)　株主価値の分析結果

　　　DCF法と，マーケット・アプローチである株価倍率法
　　及び取引事例法による分析結果から，DCF法を上回る部
　　分は同業を営む買手が享受するシナジー効果とみなし，
　　株主価値は，DCF法とマーケット・アプローチの分析結
　　果の重なる4,440百万円から5,206百万円とした。

4　本件株式の価値の分析

(1)　マイノリティディスカウントについて

A社の株主構成として，本件相続株式の発行済株式総数に対する所有割合は35.7％であり，議決権の3分の1以上を有している。本件相続株式と相続人Mの本件相続開始日前に所有する株式を合わせると所有割合は57.3％となり，議決権の過半数になる。

本件基本合意及び本件株式譲渡契約が締結されていることを根拠に，被相続人と相続人MはA社の株主を取りまとめる力を有していたとして，マイノリティディスカウントは考慮しないこととした。

(2) 非流動性ディスカウントについて

本件相続株式が経営支配権を有すること，また，本件相続株式と相続人Mの所有する株式を合わせると議決権の過半数になり，定款に定める株式譲渡制限に係る承認が実質的にできる状況であることを考慮し，非流動性ディスカウントは考慮しないこととした。

5　株式価値の算定結果

以上のことから，本件相続株式の価値の算定結果を，上記3の(6)の株主価値をベースに発行済株式総数に対する割合35.7％の1,584百万円から1,857百万円とした上で，その平均値として，1,720百万円とした。

(4)　当事者の主張

原告は，A社の株式がB社に譲渡されたのは，相続開始後における相続人Mの株主に対する説得が奏功したことによるものであり，被相続人が行った本件基本合意は，交渉のための合意にすぎないもので，株式の売買予約ですらないため法的拘束力を有せず，全ての株式を集めることを譲渡の停止条件とするところ，相続開始時

には，株式が取りまとめられるかは不明だったものであり，本件基本合意価格は，通達による評価額との比較対象となるものではないと主張した。

一方の被告は，本件基本合意の事実は，当事者間でかなり重みのある事実といえ，のれん等の無形資産の価値を含むA社の価値が顕在化したと認めることができることから，通達による評価額は，本件基本合意価格との間に著しい乖離を生じさせており，本件株式の相続税評価額は，C社の算定報告額によるべきであると主張した。

(5)　審判所の判断

裁決においては，本件株式の評価額について，以下のとおり判断された。

(イ)　本件株式を1株当たりの価額で比較すると，通達による評価額は，本件算定報告額の約10％にとどまり，また，本件株式譲渡価格及び本件基本合意価格の約8％にとどまり，本件株式譲渡価格及び本件基本合意価格が通達による評価額から乖離する程度は，本件算定報告額よりも更に大きいものであった。

(ロ)　本件算定報告の算定方法についてみると，A社は，清算を予定しておらず，継続企業であるところ，インカム・アプローチは，評価対象会社から将来期待することができる経済的利益を当該利益の変動リスク等を反映した割引率により現在価値に割り引き，株主等価値を算定する方式であり，その代表的手法がDCF法であるから，本件算定報告が株主価値の算定方法としてDCF法を採用したことは相当である。

さらに，本件算定報告が，マーケット・アプローチとしての株価倍率法及び取引事例法による分析において，それぞれ，業界，事業内容，事業規模，収益性などを基準として企業及び取引事例を抽出したことに不適切な点はなく，当該算定方法を用いることは相当である。

そして，上記のDCF法，株価倍率法及び取引事例法のいずれ
の算定過程にも不合理な点はないうえ，幅をもって算出されたそ
れぞれの評価結果の重複等を考慮しつつ，本件算定報告額をもっ
て本件株式の価額と結論付けたことも相当である。

(ハ)　以上のとおり，本件株式の通達評価額は，本件算定報告額並び
に本件株式譲渡価格及び本件基本合意価格と著しく乖離しており，
相続開始時における本件株式の客観的な交換価値を示しているも
のとみることはできず，本件株式の客観的な交換価値を算定する
につき，評価通達の定める評価方法が合理性を有するものとみる
ことはできない。

　そうすると，本件株式については，通達の定める評価方法を形
式的に全ての納税者に係る全ての財産の価額の評価において用い
るという形式的な平等を貫くと，かえって租税負担の実質的な公
平を著しく害することが明らかというべきであり，通達の定める
方法以外の方法によって評価すべき特別の事情がある。

　そして，本件株式譲渡価格及び本件基本合意価格をもって，主
観的事情を捨象した客観的な取引価格ということはできないのに
対し，本件算定報告は，適正に行われたものであり合理性がある
ことから，本件株式の相続税法第22条に規定する時価は，本件算
定報告額であると認められる。

(6)　地裁判決

　一方，地裁判決においては，以下の理由により，課税庁が通達に
よる評価額（類似業種比準価額）と異なる価額を算出したことは違
法であり，原告の主位的請求は認容すべきものと判断されている。

①　平等原則との関係

　租税法上の一般原則としての平等原則は，租税法の適用に関し，
同様の状況にあるものは同様に取り扱われることを要求するものと

解される。

　そして，評価通達は相続財産の価額の評価の一般的な方法を定めたものであり，課税庁がこれに従って画一的に評価を行っていることは公知の事実であるから，課税庁が，特定の者の相続財産の価額についてのみ評価通達の定める方法により評価した価額を上回る価額によるものとすることは，たとえ当該価額が客観的な交換価値としての時価を上回らないとしても，合理的な理由がない限り，上記の平等原則に違反するものとして違法というべきである。

　もっとも，相続税の課税価格に算入される財産の価額について，評価通達の定める方法による画一的な評価を行うことが実質的な租税負担の公平に反するというべき事情がある場合には，合理的な理由があると認められるから，当該財産の価額を評価通達の定める方法により評価した価額を上回る価額によるものとすることも上記の平等原則に違反するものではないと解するのが相当である。ただし，本件通達評価額と本件算定報告額との間に大きな乖離があるということのみをもって直ちに上記事情があるということはできない。

② 「特段の事情」の有無

　本件においては，最高裁令和4年4月19日判決の事案とは異なり，被相続人及び相続人が相続税その他の租税回避の目的で本件株式の売却を行った（又は行おうとした）とは認められない。

　そうすると，本件各更正処分等の適否は，相続開始日以前に本件通達評価額を大きく超える金額での売却予定があった本件株式について，実際に相続開始日直後に当該金額で予定どおりの売却ができ，その代金を相続人が得たことをもって，この事実を評価しなければ，「（取引相場のない大会社の株式を相続しながら評価通達の定める方法による評価額を大幅に超えるこのような売却による利益を得ることができなかった）他の納税者と原告らとの間に看過し難い不均衡を生じさせ，実質的な租税負担の公平に反する」（最高裁令和4年判決）といえるかどうかによって判断すべきこととなる。

相続開始後に納税，遺産分割，事業承継のための親族間での株式等事業承継用資産の集約その他の理由により，相続財産の一部を売却して現金化することは格別稀有な事情ではないが，かかる際に評価通達の定める方法による評価額よりも相当高額で現金化することができたとしても，当該売却やそれに向けて交渉をすること自体は何ら不当ないし不公平なことではなく，仮にそのような売却を行うことができたとしても，売却価額ではなく評価通達の定める方法による評価額で当該財産を評価して相続税を申告することが問題視されることは一般的ではない。また，相続開始後に相続財産を評価通達の定める方法による評価額よりも著しく高い価格で売却することができたとしても，その売却価額が当該財産の（被相続人による）取得価額よりも高額であれば，当該売却による利益は譲渡所得税による納税対象とされることになるし，これによって相続時と売却時に二度納税することになる。

こうした点をも考慮すれば，相続税を軽減するために被相続人の生前に多額の借金をした上であらかじめ不動産などを購入して評価通達の定める方法における現金と不動産など他の財産に係る評価額の差異を利用する相続税回避行為をしているような場合でない限り，当該相続対象財産を評価通達の定める方法による評価額を超える価格で評価して課税しなければ相続開始後に相続財産の売却をしなかった又はすることができなかった他の納税者と比較してその租税負担に看過し難い不均衡があるとまでいうことは困難である。

③　取引価格を採用することの適否

評価通達は，評価通達６項が適用される場合を除き，公開株式のように個別性が低く客観的な価格が容易に算定され又は判明するような相続財産でない限り，不動産など個別の評価において，あらかじめ定められた一定の方法で算出された価格をもって当該相続財産の価格と評価することとしており，当該方法によって算定された価格ではなく，相続開始後に行われた当該財産の具体的な取引価格を

参照したり，類似の取引事例を考慮して当該財産を評価したりする方法は採用していない。

　仮に，課税庁が相続開始後の取引といった個別事情を考慮するとなれば，相続開始日と売却時期がどの程度接近していれば当該売却の事実を考慮するのか，評価通達の定める方法による評価額と売却価額の間にどの程度の差があれば評価通達6項に基づく個別評価をするか，個別評価をするとしてどのように評価するかといった点が問題になるところ，これらについての基準はなく，課税庁が個別的にその適否を判断することにならざるを得ない。

　しかしながら，そのようなこと自体，課税庁による恣意的判断が介入したり，他の事例との間で不合理な差異が生じたりする余地があって，評価通達の趣旨や平等原則の要請に反するというべきであり，適用の有無の別やその具体的方法の差異について，納税者間に不均衡又は不利益が生ずる可能性を否定することができない。

　これを納税者側から見ると，相続税の申告前に，相続後に全部又は一部の相続財産を評価通達の定める方法による評価額とは異なる額で売却した場合において，上記評価額に従って算出した額で申告をすべきかどうか，いかなる場合にこれと異なる額で申告をすべきか，異なる額で申告をするとしていかなる額で申告すべきかが一切明らかでないこととなるし，同様に，相続税申告後に相続財産を売却した場合に，その売却額に従って算出した額で修正申告をすべきかどうかも明らかでない。

　また，納税者側が，評価通達の定める方法による評価額に依って申告をした場合には，事後的に課税庁の判断で上記評価額とも売却額とも異なる額を前提とした予測可能性のない更正処分を受ける危険を負わなければならない。評価通達6項という極めて抽象的な規定を除けば，法令にも評価通達その他の通達にもかかる事態が具体的に想定されているとは解し難い点も併せて考えれば，納税者側が租税回避行為をしていたような場合は別として，納税者がかかる不

安定な地位に置かれ，不利益を受けるのは，申告納税制度や評価通達の趣旨に照らし，強い疑問が残るものといわざるを得ない。

④　判　決

以上を踏まえて検討するに，本件では本件株式の売却手続が進行中に被相続人が死亡しているところ，その手続が遅れたとか，本来は被相続人の生前に売却手続を完了することができたといった事情は認められない。

本件相続において，被相続人が相続開始日以前に行った行為は，本件基本合意及びその後の買収監査への協力にとどまるところ，これらの行為は，相続開始日以降に行われた本件株式の売却の結果を含めて評価したとしても，それがなかった場合と比べて相続税の金額を軽減する効果を持つものではない。

よって，本件において特段の事情はないものというほかはないから，本件株式の価額については通達評価額によって評価すべきであり，評価通達6項を適用して本件算定報告額を用いて本件株式を評価した各更正処分等は，最高裁令和4年判決の示した判断枠組みに照らし，平等原則という観点から違法である。

4 株式の鑑定評価とは

(1) 財産評価基本通達と鑑定評価の違い

さて，近年の事例においては，相続した株式の評価に鑑定が採用されることがある。

そこで，相続財産の評価における株式鑑定の留意点を確認しておきたい。

まず，一般的に財産の時価を求めるためには，原価法（コストアプローチ），比較法（マーケットアプローチ），収益法（インカムアプローチ）の3つの評価方法が考えられる。不動産の評価でいえば，

原価法，取引事例比較法，収益還元法である。

　株式の評価においても，大別して原価法（純資産価額法），比較法（類似業種比準法，類似会社比準法），収益法（収益還元法，配当還元法）がある（図表−1）。

　通達による株式評価は，原則として，大会社には類似業種比準法，小会社には純資産価額法，中会社にはその併用，少数株式には配当還元法を採用するなど，評価会社の事業規模及び株主の属性に着目して定型的な評価を行っている。

　一方，株式鑑定は，会社の事業規模や株主の属性のみならず，過去の売買実例，対象会社の規模，経営権の移動の有無，売手・買手の同族グループへの帰属状況及び既往の株式所有状況等の諸状況を勘案し，純資産方式，収益方式，配当方式，比準方式といった評価方式を単独又は併用して，個別に評価会社に適合する方式を選択する。

　例えば，経営権の移動を伴う場合や，売手・買手のどちらか一方が同族株主グループに帰属している場合には，支配株主の保有する株式が会社の資産負債・収益そのものが価格決定要因となっていることから純資産価額法と収益還元法を併用したりする。

　経営権の移動を伴わない場合や売買株数が少ない場合には，少数株主の保有する株式は経営に関与できず，配当にのみ経済的利益を有することから配当還元法が適しているとされ，配当還元法と純資産価額が併用されるケースもある。

　また，上場企業に匹敵するような大規模な会社の株式には，その株式が上場されるとすれば流通市場において価格形成が行われるものであるところから，流通市場の株価に比準した類似会社比準法が併用される。

●図表-1　主な評価方法

評価手法	原価法 (コストアプローチ (ネットアセットア プローチともいう))	比較法 (マーケットアプローチ)		収益法 (インカムアプローチ)	
評　価　法	純資産価額方式	比準方式		収益方式	配当方式
	簿価純資産法 時価純資産法 (国税庁) 時価純資産 法	類似会社比準法 (国税庁) 類似業種比準法 取引事例法 株価倍率法		収益還元法 DCF法	配当還元法 (国税庁) 配当還元 法 ゴードンモデル法

(2)　会社法における株式評価

　相続税や贈与税において取引相場のない株式の評価が行われているのと同様に，会社法（旧商法）においても非上場株式の評価が行われている。

　例えば，①株主総会による決議に反対する株主が，その所有する株式を，会社に買取りを請求する場合や，②譲渡制限付株式の譲渡を希望する株主において，会社が譲渡を承認しない時，会社が指定した相手方に買取りを請求する場合，③会社が株主以外の第三者に新株発行を行う時に，発行価額が特に有利でないか否かが争われる場合，④会社が，相続その他の一般承継により株式を取得した株主に対して売渡しを請求する場合など，売主と買主との間で価格がまとまらない場合は，裁判所において公正な価格の決定が求められる。

　そこで，会社法（旧商法）においては，評価通達のような定型的な評価を行うのではなく，個別に時価評価が行われていることから参考としてみたい。

(3)　各評価方式の特徴

　会社法において求められる株式の「公正な価格」は，相続税及び贈与税における財産の「時価」と同一の概念と考えられる。

　ただし，税法が課税の公平を重視することから評価基準制度を採

用しているのに対し，会社法は私人間の利害関係の調整を個別的に解決するために，個々の事案に応じて適切な評価方式が採用されている。

　会社法の前身である旧商法下においては，かつては評価通達による評価を採用するものが多く見られたが，近年は，支配株式については純資産価額法と収益還元法の併用，非支配株式については配当還元法や他の評価方式と併用するなどして個別の事案に応じて個々に解決されている。

　そこで，主な評価方法について，それぞれの意義と特徴を確認しておきたい[*3]。

① 純資産価額方式

　純資産価額方式は，株主の持分は，会社の共同所有者としての会社全体の価値であるという性質に着目したものであり，理論上，株式の評価に関する基本的方式と考えられる[*4]。また，純資産価額は，企業活動を終止した場合の企業の解体価値（最低限の価値）といえ，利益や配当がない会社であっても多くは含み資産があると見込まれるとする見解がある。

　一方，会社はその時点で解散されるわけではなく，会社を解体して売却したらいくらで売れるかという純資産価値は，継続企業を評価するには適正でないという見解もある。また，算定される株式の価格は交換価値であるから持分の払戻的価値としてとらえる同方式はとるべきでなく，株価決定の他の要素である収益，配当に対する考慮がなされないことも挙げられる。

[*3] 各種の評価方式について，詳しくは「株式等鑑定評価マニュアルの解説」『別冊商事法務161』商事法務研究会（1994年）及び日本公認会計士協会編『企業価値評価ガイドライン』清文社（2007年）参照。

[*4] 旧商法の事例において純資産価額法が採用された事例として，東京高裁昭和47年4月13日決定〔判例時報667号78頁〕，佐賀地裁昭和51年4月30日決定〔判例時報827号107頁〕，東京地裁昭和56年6月12日判決〔判例時報1023号116頁〕，東京高裁平成2年6月15日決定〔金融商事判例853号30頁〕，千葉地裁平成3年9月26日決定〔判例時報1412号140頁〕，東京地裁平成4年9月1日判決〔判例時報1463号154頁〕，札幌地裁平成16年4月12日決定〔判例タイムズ1216号274頁〕などがある。

おおむね同方式を採用する場合は，多数株式を売買することにより会社財産が実質的に買主に帰属するケースや企業価値が不動産や株式といった資産に集約されるようなケースが多い。

　なお，純資産価額方式には，簿価純資産価額法や時価純資産価額法，国税庁純資産価額法がある。

　イ　簿価純資産法

　簿価純資産法とは，下記の算式のとおり，企業の適正な帳簿価額による純資産を発行済株式総数で除して算出する方法である。

（算式）

$$1株当たりの価格 ＝ \frac{簿価純資産価額}{発行済株式総数}$$

　簿価によることで証拠力に優れているが，資産に含み損益が内在する場合には実態と遊離した価格が算出されることになる。

　ロ　時価純資産法

　時価純資産法とは，企業の資産を時価で再評価し，負債は要弁済額で計上して求めた純資産で株価を求める方法である。評価時点での含み益に対応する法人税等を控除する方式と控除しない方式がある。

（算式）

法人税等控除方式：1株当たりの価格

$$＝ \frac{（時価純資産価額－含み益に対応する法人税等）}{発行済株式総数}$$

$$法人税等非控除方式：1株当たりの価格 ＝ \frac{時価純資産価額}{発行済株式総数}$$

　時価純資産価額を求める方法として，企業を新たに取得することを前提とした再調達時価を用いる方法（再調達時価純資産法），清算を前提として処分時価を用いる方法（清算処分時価純資産法），国税庁財産評価基本通達による方法（国税庁時価純資産法）に分類される。

② 比準方式

　比準方式とは，評価する会社と業種や規模等が類似する公開会社を比較して株価を算出する方法である。上場企業に匹敵するような会社の株価は，その株式が上場されたら流通市場において価格形成が行われうるものであることから，現実に流通市場において価格形成が行われている類似企業の株価に比準して評価することが合理的と考えられている。

　なお，比準方式には，国税庁類似業種比準法と類似会社比準法がある。

イ　国税庁類似業種比準法

　国税庁類似業種比準法とは，類似業種の株価並びに１株当たりの配当金額，年利益金額及び純資産価額をもととし，次の算式によって計算する方法である（評価通達180）。

（算式）

$$1株当たりの価格 ＝ A \times \frac{\dfrac{B'}{B} + \dfrac{C'}{C} + \dfrac{D'}{D}}{3} \times 減価率$$

A＝類似業種の課税時期の属する月以前３か月間の各月の株価及び前年平均株価，課税時期の属する月以前２年間の平均株価のうち最も低い金額

B＝課税時期の属する年の類似業種の１株当たりの配当金額

C＝課税時期の属する年の類似業種の１株当たりの年利益金額

D＝課税時期の属する年の類似業種の１株当たりの純資産価額（帳簿価額）

B'＝評価会社の１株当たりの配当金額

C'＝評価会社の１株当たりの年利益金額

D'＝評価会社の１株当たりの純資産価額（帳簿価額）

減価率＝大会社は0.7，中会社は0.6，小会社は0.5

旧商法において，昭和50年代までは，国税庁類似業種比準法が

多く採用されていたが*5，近年では，標本会社の公表がなく類似性の検証ができないこと，利益の成長要素が考慮されないこと，減価率の合理性が問われることなどからあまり採用されなくなっている*6。

ロ　類似会社比準法

　類似会社比準法とは，評価する会社と，業種，規模等が類似する公開会社又は同じ業種の公開会社の平均を比較して，会社の価値を算定する方法である。

（算式）

$$1株当たりの価格 \ = \ A \times \frac{\dfrac{B'}{B} + \dfrac{C'}{C} + \dfrac{D'}{D}}{3} \times L$$

A＝類似会社平均株価

B＝類似会社平均1株当たりの配当金額

C＝類似会社平均1株当たりの税込純利益

D＝類似会社平均1株当たりの純資産価格

B'＝評価会社1株当たりの配当金額

C'＝評価会社1株当たりの税込純利益

D'＝評価会社1株当たりの純資産価格

　Lは，類似安定度を加味するもので，自己資本，総資産，取引金額，自己資本比率，企業利潤率について一定の基準により評点を設け，評価会社の評点と類似会社の平均値との比率を算出し，その5つの比率の平均値を採ったものである。

　類似会社比準法においても，株価が基本要素としている収益力

＊5　類似業種比準法が採用された事例として，大阪地裁昭和43年9月26日決定〔金融商事判例363号11頁〕，東京地裁昭和46年4月19日決定〔下級裁判所民事裁判例集22巻3・4号446頁〕，東京地裁昭和52年8月30日決定〔金融商事判例533号22頁〕などがある。

＊6　類似業種比準法が採用されなかった事例として，大阪高裁平成1年3月28日決定〔判例時報1324号140頁〕，札幌地裁平成16年4月12日決定〔判例タイムズ1216号274頁〕がある。

と資産価値を盛り込んでいること，営業成績の順調な会社に適することが挙げられるが[*7]，どの程度類似性があればよいかにつき，例えば標本3社と事業の規模，種類及び収益の状況の比較を行ったうえで，評価会社とは大きな差があり類似法人とは認められないとするもの[*8]や標本11社と資本の金額，法人の総資産，従業員の数，売上金額，経常損益の状況等を比較検討し，類似する法人に該当するということはできないとするもの[*9]がある。

③ 配当方式

配当方式とは，果実である配当から擬制資本である株式投資額を評価する方法である。配当金額に基づいて株価を算定するもので，配当のみを期待する一般投資家や会社の経営を支配することができないような少数株主においては，最も合理的な算定方式といる[*10]。

一方，同族会社の場合には配当性向が著しく低く抑えられる傾向があること，この方式によると純資産価額や類似比準価額と比較して著しく低額となり乖離が生じること，株価決定の重要な要素としての純資産や収益等が考慮されていないことといった問題点があり，他の方式と併用されることが多い。

なお，配当方式には，配当還元法や国税庁配当還元法，ゴードンモデル法などがある。

イ 配当還元法

配当還元法とは，その株式に係る年配当金額をもととして，次の算式によって評価する方法である。

＊7 類似会社比準法が採用された事例として，大阪高裁昭和51年4月27日決定〔判例時報836号107頁〕，神戸地裁昭和51年6月18日判決〔判例時報843号107頁〕がある。

＊8 東京地裁平成11年11月30日判決〔税務訴訟資料245号576頁〕

＊9 東京地裁平成12年7月13日判決〔税務訴訟資料248号212頁〕

＊10 配当還元法が採用されたものとして，大阪地裁昭和47年4月19日判決〔判例時報691号74頁〕，東京高裁平成元年5月23日決定〔判例時報1318号125頁〕，東京高裁平成2年6月15日決定〔金融商事判例853号30頁〕，千葉地裁平成3年9月26日決定〔判例時報1412号140頁〕，札幌地裁平成16年4月12日決定〔判例タイムズ1216号274頁〕などがある。

（算式）

　　　１株当たりの価格　＝　（配当額　÷　資本還元率）÷　発行済株式総数

　配当額を求める方法として，企業の実際に行われる配当予想金額を用いる方法（実際配当還元法），業種による配当性向によって一般に妥当とされる配当額を用いる方法（標準配当還元法）に分類される。

　いずれにおいても適正な配当額及び資本還元率を求めることが問題となる。

　ロ　国税庁配当還元法

　そこで，配当額を無配または２円50銭未満のものは２円50銭，資本還元率を10％として定型的に評価を行うとするものが国税庁配当還元法である。その株式に係る年配当金額をもととして，次の算式によって評価する（評価通達188－２）。

（算式）

$$\frac{その株式に係る年配当金額※}{10\%} \times \frac{その株式の１株当たりの資本金等の額}{50円}$$

　　※年配当金額については，２円50銭未満又は無配のものは２
　　　円50銭とする。

　ハ　ゴードンモデル法

　ゴードンモデル法とは，配当還元法をさらに発展させた方法で，企業が獲得した利益のうち，配当に回されなかった内部留保額は，再投資によって将来の利益を生み，配当の増加を期待できるものとして，それを加味して株価を評価する方法である[11]。

---

[11]　ゴードンモデル法が採用された事例として，大阪高裁平成元年３月28日決定〔判例時報1324号140頁〕，東京地裁平成６年３月28日決定〔判例時報1496号123頁〕がある。

（算式）

　　　　１株当たりの価格　＝　１株当たりの配当金　÷
　　　　　　　　　　　　　　（資本還元率　－　投資利益率　×　内部留保率）

　投資利益率は，内部留保金とそれらが稼ぐ税引後利益との割合をいい，内部留保率は，税引後利益のうち内部留保される部分の比率をいう。

④　収益方式

　収益方式は，支配株主の恣意的な配当政策によって影響をうけかねない配当還元法の欠点を排除することに有用であり，企業の買収や合併などの局面において広く用いられている[*12]。収益還元法は，会社の留保利益を算定の基礎に加える点で，支配株式の評価に有用であるとされる。

　一方，収益額及び資本還元率の算定が困難であるとする見解が強く，また，将来期待される収益は株主に配当される部分だけでなく内部留保として会社に留保された金額が含まれるため，株主に対して直接に経済的利益をもたらすものではないことから非支配株式の評価には不向きとされており，支配株式の評価において純資産価額法と併用されることが多い。

　なお，収益方式には，収益還元法とDCF法などがある。

　イ　収益還元法

　　収益還元法とは，元来，土地の鑑定評価において採用している方法で，地代を果実，土地を元本，即ち擬制資本とみなして評価する方法である。株式の場合，その評価対象は企業資本であり，地代に見合うものは企業に対する投資利益となる。

---

*12　収益還元法が採用された事例として，東京高裁昭和46年１月19日決定〔判例時報618号77頁〕，東京高裁平成元年５月23日決定〔判例時報1318号125頁〕など，DCF法が採用された事例として札幌地裁平成16年４月12日決定〔判例タイムズ1216号274頁〕などがある。

（算式）

$$1株当たりの価格 ＝（将来の予想年間税引後利益 ÷ 資本還元率）÷ 発行済株式総数$$

　その採用にあたっては，将来の予想年間税引後利益の算定という不確定要素が含まれることから，経営環境の変動等により利益予想が困難な場合には純資産価額方式等と併用されることが多い。
ロ　DCF法
　DCF法（Discounted Cash Flow法）とは，企業の将来獲得するであろうキャッシュフローを資本還元率で現在価値に還元して算出する方法である。
（算式）

$$1株当たりの価格 ＝ \frac{将来の予想ディスカウント キャッシュフローの合計額}{} ÷ 発行済株式総数$$

　将来の予想ディスカウントキャッシュフローの合計額は，各年度のキャッシュフローを年度別に複利現価率で割り引いて合計したものをいう。
　DCF法においても，キャッシュフローとリスクの予想は不確定要素が多く，数値の確実性の確保に課題がある。
⑤　併用方式
　併用方式は，①から④の方式をいくつか併用し，これにより得られた評価額を評価会社に適合するように適当なウエイトをもたせて組み合わせる方式であり，近年の事例はほとんど併用方式が採用されている。
　支配株式には純資産価額法と収益還元法の併用，少数株式には配当還元法と他の方式を併用するなど，各方式を組み合わせることにより，多くの要因を株価に反映させることができ，各方式に内在する欠点を減殺し誤差を小さくする効果を期待できる。

例えば，同族会社の少数株式において，収益の相当割合を社内留保して資産を増加させることに重点がおかれ，配当額が比較的低く押さえられてきたことがうかがわれるような場合には，配当還元法のみによることは不十分であり，純資産価額法及び収益還元法をも併用するのが相当とされるケースがある[*13]。

また，株式発行会社が個人株主から株式を買取る際の価格について，売手の立場からは，これまで顕在的に行使していた利益配当請求権（配当還元法）と潜在的に有している残余財産配当請求権（純資産価額法）を換価するという側面があり，買手の立場からは，継続企業の動的価値を現す最も理論的な方法は収益還元法であるとして，売手と買手の双方の立場を1対1で併用するのが相当とするものもある[*14]。

ただし，併用方式は，必ずしも併用の組み合わせや比重の割合が確立されていないことから，併用すること自体及びウエイトの置き方につき，理論的根拠がないとの疑問が投げかけられている。

(4) 株式鑑定は時価となり得るか

さて，株式鑑定は相続財産の時価となり得るかという点であるが，これまで述べてきたとおり，株式鑑定の評価方式には一長一短があり，また，現状においては課税の公平が求められる税務において，客観性かつ合理性を兼ね備えた評価方式が理論的に確立されているとは言い難い。

評価の過程において，例えば，

(イ) 類似会社比準法に当たっては，標本会社と評価会社との類似性（事業規模，事業内容，収益性，成長性，資本の金額，総資産，従業員数，売上金額，経常損益の状況など），類似安定度の割合は適正か

[*13] 東京高裁平成元年5月23日決定〔判例時報1318号125頁〕
[*14] 札幌地裁平成16年4月12日決定〔判例タイムズ1216号274頁〕

㈿　収益還元法に当たっては，資本還元率，将来の年間予想純利益額は適正か

㈼　国税庁方式以外の配当還元法に当たっては，将来の利益配当金額の予測，資本還元率は適正か

㈽　併用方式に当たっては，その併用割合は適正か

などといった点に客観的かつ合理的な説明が求められる。

　さらに，申告納税制度のもとでは，納税者の予測可能性，法的安定性が担保されなければならないが，取引相場のない株式に個別的な評価を認めるとすると，どの場合に鑑定が認められ，どの場合に認められないかの判断があいまいとなり，予測可能性，法的安定性を害することになる。

　通達によらない評価は，通達を形式的，画一的に適用して財産を評価することにより，相続税又は贈与税の課税価格に著しい差を生じ，納税者間の実質的な租税負担の公平という観点からして看過し難い事態を招来する特別の事情がある場合には，他の評価方法によることが相当と認められるものである。そこでは，通達による評価を上回る鑑定評価額があるとか，売買実例があるという事情は，通達の取扱いが個別的に不当となるものではなく，納税者間の実質的な租税負担の公平という観点からして看過し難い事態を招来するといった「特別の事情」には当たらないと解されている[15]。

5　株式評価における「特別の事情」

　では，株式評価において，どのような場合が「特別の事情」に当たると考えられるであろうか。

　ここでは，例えば，㈠評価会社が評価時点において合併又は分割の手続き中である場合にその事情を考慮すべきか否か，㈡類似業種比準方式の適用に当たって，建設業など利益の変動の激しい法人に

---

[15]　東京地裁令和6年1月18日判決〔TAINS・Z888－2556〕参照

おいては通達に定める期間以上の業績を考慮すべきか否か，(ハ)配当還元方式の適用に当たって，少数株主に原則的評価を適用すべきか否かという問題を検討してみたい。

いずれにおいても，納税者の主張は排斥となっているが，通達に定める評価方法に基づいた評価額が「時価」を超え，これをもって財産の価格とすることが法の趣旨に背馳するといった特段の事情が存することが立証された場合には，通達の取扱いが個別的に不当となることが示唆されている。

(1) 評価会社の合併は特別の事情に該当するか

株式の評価時点の前後で評価会社の合併という特殊な事情があった場合，合併後の業績を考慮すべきであろうか。

大阪高裁平成13年11月１日判決〔税務訴訟資料251号順号9017〕は，評価会社が合併契約を締結した後，合併期日が到来する前に相続が開始した場合の株式評価が争われた事例である。

本件の概要は以下のとおりである。

(イ) 平成５年12月18日，株式の評価会社であるＢ社は，合併会社である訴外Ｃ株式会社と合併期日を平成６年９月21日とする合併契約を締結した。これによりＢ社は合併解散する。

(ロ) 平成６年１月８日，両会社は臨時株主総会において，合併を承認する決議をした。

(ハ) 平成６年４月12日，本件相続が開始した。

(ニ) 平成６年９月21日，合併期日が到来した。

(ホ) 平成６年９月27日に合併登記がされた。

(ヘ) 相続人は，夫，子乙及び子丙の３名である。

(ト) 原告は，平成６年11月16日，財団法人Ａに対して，相続により取得したＢ株式会社の株式6,000株（以下「本件株式」という。）を，Ａの基本財産に組み入れることを指定して寄付をした（以下「本件寄付」という。）。本件相続税の申告に際し，租税特

別措置法70①《国等に対して相続財産を贈与した場合等の相続税の非課税等》の適用を受けるべく，その旨を申告した。

㈠　被告税務署長は，本件株式はその日においても公益を目的とする事業に供されているとは認められないとして，その相続開始時の価額 8 億5,557万円を課税価格に算入して課税処分を行った。

そこで，原告は，B 社株式の評価においては評価通達 6 によって国税庁長官の指示を受けるべきであるとして，B 社は相続開始時に C 社との合併手続を進めており合併手続進行中であったため，B 社株式の時価は両社の合計純資産を基礎とすべきであると主張した。なお，合併後の合併法人の純資産額は 0 円である。

これに対し，被告は，評価通達に基づき B 社の純資産価額のみを基礎として 1 株当たり14万2,595円（6,000株合計金 8 億5,557万円）として本件株式を評価している。

判決は，以下の理由により，原告の主張を棄却し，本件株式の相続開始時における価額は 8 億5,557万円であると判示している。

上記のように合併手続中である B 社の株式の価額は，確かに，それ以前と比較して，合併相手方の会社の資産，経営状況等の諸事情によって相当な影響を受けることは容易に推認することができる。しかし，本件株式が取引相場のない株式であることなどから，本件において上記の特有の事情が本件株式の価額にどの程度の影響を与えたかを的確に認定するに足りる証拠はないこと，本件株式の価額が相続開始時である平成 6 年 4 月12日の時点ですでに零にまで落ち込んだと認めるべき証拠もないこと，B 社と C 社の合併の法的効果が発生したのは，合併登記がされた平成 6 年 9 月27日であるから，それ以前における B 社の「純資産額」は C 社のそれを合したものでないことといった諸点を総合考慮すると，B 一社の「純資産額」を基準にして「 1 株当たりの純資産価額」による評価方法を採用するときは，現に合併手続中であることによる価額への影響を反映しないきらいがあることは否定できない。しかし，原告の主張するよ

うに「純資産額」をB及びCの純資産額の合算額としても，実勢を過大に評価反映するとの批判を免れないであろう。

このようないわば二律背反のような特殊な事情にあるうえ，他に適切・合理的な評価方法を見出しにくい状況に照らすと，むしろ原則に回帰し，恣意性のおそれの少ない評価方法，すなわち，B一社の「純資産額」を基準にして「1株当たりの純資産価額」による評価方法を用いるのが相当であって，上記のような難点があるとしても，これを違法とするには至らないというべきである。

(2) 損益の大きな変動は特別の事情に該当するか

次に，類似業種比準方式の適用にあたって，建設業など利益の変動の激しい法人においては通達に定める期間以上の業績を考慮すべきか否かという論点である。

評価通達に定める類似業種比準方式は，評価会社の過去3事業年度の業績により算定が行われる（評価通達183）。

そこで，平成17年10月4日裁決〔裁決事例集70巻353頁〕は，納税者が，評価会社の株価が1年3か月間で4.99倍になっていること，利益，損益の変動が激しいことから，相続開始直前5年間の業績を基に算定すべきであると主張した事例である。

本件の概要は以下のとおりである。

(イ) 被相続人は，平成14年4月27日に死亡した。

(ロ) 相続人は，子（審査請求人）である。

(ハ) 被相続人は，F社の株式を17万7,360株所有していた。

(ニ) F社は，港湾工事の設計及び工事監理等を目的とする会社であり，総合工事業を主たる業としている。

(ホ) F社は，法人税法に規定する同族会社である。

(ヘ) F社の株式の価額を評価通達の定めに従って算定すると1株当たり7,022円となる。

審査請求人は，本件においては，(イ)F社の株価は相続開始前の1

年3か月間で4.99倍になっていること，(ロ)F社の平成14年3月期の申告所得が突出し，その余の期も利益，損益の変動が激しいことからすれば，F社の株式の評価に際しては，評価会社の1株当たりの配当金額及び同利益金額の算定に際し，相続開始直前5年間の業績を基に算定されるべきであると主張した。このようにして算定すると，1株当たりの価額は2,017円となる。

これに対し，裁決は，評価通達に定められた財産評価の一般基準が合理的なものであり，かつ，評価通達の定めにより難い特別の事情が存しない限り，評価通達の定めるところにより相続財産を評価することが違法ということはできないと判断している。

そして，評価通達における類似業種比準方式は，株式の価格形成の基本要素として考えられている上記3要素（配当金額，利益金額，純資産金額）を比準要素とし，標本会社の数値と評価会社の数値を同一の基準により算定するなど所定の措置を講じることにより，評価上の恣意性の排除，評価の統一性，画一性，安定性の担保に配意したものであるところ，評価会社の数値のみを課税時期の直前5年間の業績をもとに算定するとすれば類似業種比準方式の合理性自体が失われるおそれがあるのみならず，請求人が主張するように，評価会社の利益，損失の変動が激しいか否かによって評価会社の1株当たりの配当金額及び利益金額の算定基準とする年数を変更するとすれば，「評価会社の利益，損失の変動が激しいか否か」というあいまいな基準によって評価会社の1株当たりの配当金額，利益金額の算定基準が異なることになり法的安定性を害するうえ，評価を行う者によって異なった評価がなされるおそれがあり，税負担の公平という要請に反するのみならず，その評価に課税権者の恣意が介入し，課税の公平を欠くおそれもあると述べられている。

さらに，F社のような総合工事業を主たる業としている業種においては，大型工事の受注等による利益の変動は，経常的に生じる事情であり，評価会社であるF社に特有の事情とはいえないから，こ

のことをもって，評価通達の適用が違法であると認めることはできないとされている。

(3)　配当還元方式の株主区分の適否

最後に，株主区分と配当還元方式の適用をめぐる論点である。

評価通達においては，評価会社の同族株主グループが議決権を50％以上を保有する場合には原則的な評価方式が適用され，その同族株主以外の株主は49％の議決権を保有する場合でも配当還元方式が適用される（評価通達188(1)）。

一方，その株主が同族株主グループに属している場合，そのうちの中心的な同族株主に当たらないとしても保有議決権が5％以上であると配当還元方式が適用されないことになる（評価通達188(2)）。

そこで，東京地裁平成8年12月13日判決〔税務訴訟資料221号879頁〕は，同族株主グループに属するが中心的な同族株主に当たらない株主が5％以上を保有している場合に，原則的評価方式の適用をすべきでないか否かが争われた事例である（株主区分については，第3章参照）。

本件株式の概要は以下のとおりである。

(イ)　原告は，被相続人の死亡によりA株式会社の株式4万6,500株（以下「本件株式」という。）を相続した。

(ロ)　本件の評価会社の発行済株式総数は193万2,000株である。

(ハ)　原告は，本件株式を相続した場合には合計14万3,000株（持株割合約7.40％）の株式を保有することになり，法定相続分（5分の1）に従って相続した場合には合計10万5,800株（持株割合約5.48％）の株式を保有することになる。

(ニ)　評価会社には，別の同族株主グループが本件株式176万3,520株（持株割合約91.28％）を保有している。

(ホ)　評価会社は中心的な同族株主が存するが，原告は中心的な同族株主には該当しない。

㈬　原告が評価会社から受けている利益は1株当たり50円の配当の
みであり，それ以外の利益を受けたことはない。

㈭　原告は，本件株式の価額を配当還元方式により1株当たり500
円と評価して相続税の申告をした。

㈮　被告は，本件株式を評価通達に基づいて純資産価額方式で評価
すると1株当たり1万7,475円，S1＋S2方式（評価通達189－
3）で評価すると1万6,743円となり，純資産価額方式よりも低
額なS1＋S2方式によって評価することになると主張した。

　原告は，中心的な同族株主以外の同族株主について保有割合規制
が必要であるとしても，その割合は，会社に対する支配力の有無か
ら決せられるべきであって，原告は，訴外会社の経営に参画し，こ
れを支配できない株主であるから，一律に5％をもって規制するこ
とは不合理であると主張した。

　これに対し，判決は，持株割合5％をもって区分することは一般
的な合理性を有するものということができ，純資産価額方式も株式
の資産価値の評価方法としての合理性を有すると解されるから，右
通達の取扱いが個別的に不当となるというためには，右基準によっ
た場合の評価額が「時価」を超え，これをもって財産の価格とする
ことが法の趣旨に背馳するといった特段の事情が存することの立証
が必要というべきであるとした。

　そして，本件では，「時価」を鑑定することも検討されたが，鑑
定申請が撤回された結果，原告の主張する時価の立証としては，配
当還元方式と純資産価額方式を対等のものとして独自の折衷割合に
よる評価方法に沿う意見書が存在するにすぎないが，これによって
も右立証があったと認めるには足りないものであるとされている。

おわりに

　相続税や贈与税においては，通達によらないことが相当と認められる「特別の事情」がある場合には，他の合理的な評価方式によって評価することになる。

　そこで，総則6項の適用が行われる局面は大別すると3つがある。

　第一に，納税者が租税回避行為を行った場合である。納税者が通達による評価額と実勢時価との間に乖離があることを利用したことにより，相続税や贈与税の負担が著しく軽減されるケースにおいては，通達の定める評価方法を形式的に全ての納税者に係る全ての財産に用いるという形式的な平等を貫くと，そのような行為を行わなかった他の納税者との間で，かえって実質的な公平を著しく害することになるため，通達によらないことが相当と認められる「特別の事情」があると解されている。

　なお，納税者の新たな租税回避行為に対しては，総則6項の存在が牽制となっているが，近年では，租税回避か否かの線引きがあいまいになってくるなど，総則6項の適用範囲が拡大傾向となることが懸念される。例えば，タワマン節税にみられるように，従来は相続直前で複数の物件を駆け込みで購入し，相続時に債務超過を生じさせ，相続直後にすべて売却するなどの行為が租税回避と認定されるが，近年では，長期的にタワーマンションを保有していても結果として相続税が軽減されることで総則6項の適用がなされる可能性がある。

　第二に，相続税法における時価は，客観的な交換価値を意味することから，通達に定める画一的な評価方式による価額が時価の範囲内であれば適法であるが，通達の予定していない地価の下落や減価要因がある場合には，通達によらないことが相当と認められる「特別の事情」があると認定されている。

財産評価基本通達には多くの補正項目が定められているが，それでもなお補正がしきれない特殊な要因についての論点であり，必ずしも不動産評価や株価算定の専門家ではない納税者や税理士にとっては難しい判断となる。それを補うために鑑定その他の手法でその要否を判断しなければならないなど専門機関への高額な費用負担が生じることに留意しなければならない。

　第三に，課税時期の前後において，通達による評価額よりも低額又は高額な売買実例や鑑定評価額がある場合，その売買実例価額や鑑定評価額の存在が「特別の事情」にあたるか否かという点である。

　近年，主に高額な売買実例があった場合に課税庁から個別評価を主張される事例が見受けられることから，通達によらない例外の範囲が拡大傾向にあることが懸念される。ただし，土地や取引相場のない株式において通達評価額と売買価額や鑑定評価額との間に大きな乖離があるということのみをもって個別評価を認めるとなると，どのような場合に認められ，どの場合に認められないかの判断が困難となり，また，申告納税制度の下で当初申告後に予期せぬ多額の納税が必要となるといった状況が生じることとなる。裁判例においても，通達の定める方法による画一的な評価を行うことで実質的な租税負担の公平に反するというべき事情がある場合には，合理的な理由があると認められるが，通達評価額と鑑定評価額との間に大きな乖離があるということのみをもって直ちに「特別の事情」があるということはできないと解されている。

　広がりを見せつつある総則6項の適用範囲について，今一度，財産評価基本通達の趣旨（財産の客観的な取引価格を認定することが困難であることから，あらかじめ定められた評価方式によりこれを画一的に評価する方が，財産評価の多様性，課税庁の事務負担の軽減，課税事務の迅速な処理，納税者間の公平，納税者の便宜，徴税費用の節減という見地からみて合理的であるということ）に立ち返り，また，評価基準制度による評価方式が不合理となるのであれば，

改正により対応すべきことも踏まえ，どのような場合が通達による
ことが著しく不適当となるのか，総則6項の適用ポイントを再確認
していく必要がある。

令和6年4月

著　者

著者紹介

風岡　範哉（かざおか・のりちか）

1978年生まれ，税理士・宅地建物取引士。
主な著書に『相続税・贈与税 通達によらない評価の事例研究』（現代図書，2008年），『税務調査でそこが問われる！相続税・贈与税における名義預金・名義株の税務判断』（清文社，2015年），『新版 グレーゾーンから考える相続・贈与税の土地適正評価の実務』（清文社，2016年），シリーズ 財産評価の現場『土地の評価単位』『土地の減価補正』（ぎょうせい，2021年・2022年），主な論文に「財産評価基本通達6項の現代的課題」第28回日税研究賞入選（2005年）がある。

シリーズ 財産評価の現場
総則6項の適用ポイント

令和6年 5 月 11 日　第 1 刷発行

著　者　**風岡　範哉**

発　行　株式会社**ぎょうせい**

〒 136-8575　東京都江東区新木場 1-18-11
URL：https://gyosei.jp

フリーコール　0120-953-431

ぎょうせい　お問い合わせ　検索　https://gyosei.jp/inquiry/

〈検印省略〉

印刷　ぎょうせいデジタル㈱　　　　　　©2024　Printed in Japan
＊乱丁・落丁本はお取り替えいたします。

ISBN978-4-324-11406-3
(5108946-00-000)
［略号：6項ポイント］